新版

あたらしい戦略の教科書

酒井穣

Joe Sakai

Discover

新版の発刊によせて

現在地のわからない人にとって、地図に意味はありません。いかに詳細で立派な地図を持っていても、自分が今どこにいるのかがわからなければ、目的地にたどり着くことはできません。

たとえば、スマートフォンの地図アプリケーションが便利なのは、現在地を示してくれるからです。もし、こうした地図アプリケーションに、現在地を示す機能がなければ、誰もそれを使わないでしょう。

私たちは、この激動の時代にあって、目的地（あるべき姿）の議論ばかりをする傾向にあります。どういうスキルが必要だとか、どのようなキャリアを歩むべきかといった議論はとても楽しく、時間を忘れさせてくれます。

実際に、スキルやキャリアに関する本を読むと、なんだか自分が賢くなったような気になるものです。しかし、それで人生が開けたという人は少ないのが現実でしょう。

理由は簡単です。

人間は、自分のことを過大評価する傾向にあり（一般に、2割増程度と言われる）、常に現在地を見誤るからです。間違った現在地の情報をもとにしていれば、いかに優れた地図を得たとしても、目的地にはたどり着けないわけです。

よい変化は「現在地を知ること」から始まる

学習とは、「その前後で、行動が変わること」です。

ですから、現在の自分の状態に満足できている人には、学習は必要ありません。これまでどおりの行動を続けていれば、その満足な状態を維持できるからです。

しかし、今の自分の状態に不満があり、なんらかの変化を求めているならば「戦略とは何か」を理解し、自らの行動を変えるために、学習を進めなければなりません。

そこに必要なのは、あるべき姿の議論ではなくて、今の自分の姿（特に弱点）、すなわち現在地を正確に理解することです。そして、今の自分の課題を見つけ、それを一つずつ潰していくことが重要です。

これは、当たり前のことのように聞こえるかもしれません。ですが、今の自分の課題を聞かれて、即座にそれに答えられる人は多くはないものです。逆に、こうありたい、こうあるべきだということについては、多くの人がそれなりのビジョンを持っていたりします。

これはあたかも、進学したい志望校が明確になっているにもかかわらず、自分の偏差値がわからない子供のようなものです。結果として、多くの戦略は、その実行段階において失敗してしまうのです。

戦略の要点は「実行」にある

本書は、このような問題意識を持って2008年に出版した『あたらしい戦略の教科書』（旧版）を、大幅に修正・追記した新版です。旧版においても、現在地の理解の重要性と、戦略の実行における注意点を指摘しましたが、この新版では、これらの点をさらに強調した上で「戦略とは何か」をより深く考えていく形式にしています。

旧版では、できる限りフレームワークに依存しないで、戦略について考えていくことを目指しました。基本的には、この新版でも同様に、フレームワークの辞書のようにならないことを目指しています。

とは言え、旧版では「最低限」とも言えるフレームワークさえも削ってしまった反省がありました（読者から、そうした指摘を頂戴しています）。本書では、そうした「最低限」のフレームワークについて、追記をしています。

また本書では、新たに第6章「戦略コンサルタントになる」を設けました。これは、読者の皆様に「マッキンゼーに入社しなさい」と言いたいわけではありません。

そうではなくて、戦略コンサルタントが持っている〝戦略コンサルティング・スキル〟を自分のものとすれば、現業において、さらに大きなインパクトが出せるのではないか、という提案です。

これらの追記により、この新版は、旧版と比較して25％増の分量になっています。


なお本書は、年間8万冊とも言われるペースで、数多くの書籍が出版される中にあって、こうして改訂版になるという名誉を得ています。その理由は、本書の中に、既存の類書にはない「何か」があったからでしょう。

それは、あるべき姿に向かうための「戦略の策定」ではなくて、ある程度はわかりきっている目的地（要するにそれは、他者を幸せにすることを通して、自らも幸せになっていくということでしょう）に向かって、どのように自らの足を進めていくのかという**「戦略の実行」から逆算して執筆**されたところだと思っています。

繰り返しになりますが、なんとなく幸せになりたいと考えていて、そのために必要となるスキルやキャリアを思い描いていても、普段と変わらない毎日を過ごしているとしたら、問題です。

私たちは、自らの目的を達成するために、常に、自分の行動を変化させる（＝自分の時間の使い方を変える）必要があります。本書は、その変化のさせ方について言及しようとするものです。

本書が、読者の毎日に、なんらかの変化を生み出せることを願って。

２０１５年３月　気仙沼にて

酒井　穣

旧版はじめに

今、あなたの目の前にはいろいろな問題があるでしょう。
仕事上の問題はもちろん、キャリアや人間関係、健康やお金の問題など、人間であれば誰もが少なからず問題を抱えています。
こうした問題には、それぞれ個別の原因があるように見えますが、実は、一つだけ共通する点があります。

それは、**「すべての問題の原因は、必ず過去にある」**ということです。

確かに、目の前で起こっている問題を解決することも大事なことです。しかし、近い将来、あなたの周りで発生する問題の多くは、今のあなたの判断にこそ原因があるという視点を持たないと、将来もまた、今と似たような問題に悩まされることになるのではないでしょうか。

将来を予測し、戦略を立てて、それを実行するということは、自分の現在の判断で、よりよい将来を作り出していくということです。それは、自分の将来を、自分の責任においてデザインしようとする態度でもあります。

「あのとき、ああしておけばよかった……」

本書は、そんな思いをできる限り少なくするための基礎をまとめたものです。

『はじめての課長の教科書』の読者に教えられた「日本企業の課題」

私の前著『はじめての課長の教科書』は、たくさんの好意的な反響をいただき、結果として発売から3カ月で10万部のベストセラーとなりました。

しかし、自分の本が広く世間に受け入れられる喜びにひたっていられたのは、そうした反響の中に、現職の中間管理職の方々の「悲鳴」がたくさん混ざっていることに気が付くまでの、ほんの短い間だったのです。

「課長がこんなに孤独な役職だと知っていれば、課長になんてならなかった」

「役員、部長は、達成すべき数字を押し付けてくるばかりで、具体策は何もない」
「部下のモチベーション管理が重要だとわかっていても、部下と話をする時間がない」

私の脳裏をよぎったのは「戦略の不在」という、もはや日本人にはずいぶんと聞きなれた不名誉なフレーズでした。

「戦略」という言葉そのものは日常的に使用されていますし、戦略に関する本もたくさん出版されています。それなのに今もなお、こうした「戦略の不在」が問題となるのは不思議なことです。

いつしか私は、広く「戦略」をテーマとする本のリサーチを始めていました。

本書の〝あたらしさ〟とは？

世の中に戦略について書かれた名著は、数多くあります。

しかし、それらはすでに、経営戦略と直結するような戦略の関連学（マーケティングや会計学など）について、ある程度の勉強が進んでいる人を対象として書かれているアカデミックなものがほとんどです。

実際に、ビジネス・スクールなどで経営学を学ぶ場合も、戦略論は他の勉強が一通り終わったあと、つまりカリキュラムの後半で学ぶことが多いようです。なぜなら、戦略というテーマがカバーする学問分野は、とても広いものだからです。

結果として、戦略について書かれている本の多くは、専門用語が頻出する辞書のような厚さを持った専門書となり、日々の実務に役立つ戦略の知識を手早く学びたいと思っても、忙しいビジネスマンにとっては、そのハードルがどうにも高いのです。

さらに見逃せない問題は、散見される「戦略と分析の混同」です。

戦略にとって、「情報の分析」がとても重要な要素であることは明らかです。この点は、本書でも大いに指摘していきます。しかし、戦略論の大家として知られるミンツバーグ教授（マギル大学）が鋭く警鐘を鳴らすとおり、戦略イコール分析ではありません。

それなのに、書店で戦略論を扱っている本を開いてみればすぐにわかることですが、日本における戦略論の本は、3C分析、7S分析、SWOT分析、BCGマトリクス分析、バリューチェーン分析、ファイブフォース分析、製品ライフサイクル分析、Sカーブ分析、経験曲線分析、顧客セグメンテーション分析、スイッチングコスト分析に一般的な財務分析――など、紙面の多くをこうした分析手法の解説にばかり当てているのです。

ボトム・アップの戦略立案の時代

ビジネスの複雑さがものすごい勢いで増している現代においては、現場的な専門知識に乏しい組織のトップが、戦略のすべてを管理することのリスクが極端に高まっています。たとえば、いくら経験が豊富で多くの実績を残している経営者でも、メールすら満足に使えない人にＩＴ戦略の立案と実行をされてはたまりません。

そうした意味で、現代における戦略とは、現場に近い各分野の専門家が、ボトム・アップ的な方法で、その立案以前の段階から積極的に関わっていくべきものになったのです。

そんな現場のビジネスマンが今、すぐに知っておくべき「戦略のエッセンス」とは、美しいプレゼンテーションを作るための「幅広い経営学の専門用語」や「情報分析のテクニック」ではありません。

「戦略のプレゼンは完成したのだから、あとは戦略の実行だけだ」では順序が逆で、「優れた戦略の実行には、何が必要なのか」という視点が必要なのです。

こうして私は**「戦略の実行」という現場の観点から〝逆算〟して構築された戦略の実務**

書が広く求められているという結論に至り、本書の執筆を決めました。

日本人は戦略的な発想が苦手？

私は、これまでに日本の企業組織と欧米の企業組織の両方で働いた経験があり、現在は欧州でベンチャー企業を立ち上げ、経営者として活動しています。

またファイナンシャル・タイムズのヨーロッパMBAランキングで8位に選ばれ、オランダ国内のランキングでは常に1位か2位に付けている欧州トップクラスのビジネス・スクールを首席（The Best Student Award）で卒業し、戦略論を含めてマネジメントの理論も身につけました。

実務経験としては、私は戦略コンサルタントとしてではなく、むしろ戦略コンサルタントが立てた戦略を実行する側に立って、戦略の実行に数多く関わってきました。

戦略の実務に関する知識を得て、こちらの文化に深く入り込んでみて気が付いたのは、欧米の人々はMBAを取得していなくとも、通常の学校教育や文化的な背景を通して、戦略的な発想を十分に身につけており、どうも戦略に関する理解の度合いが日本人よりも優れているようだということです。

歴史的に、地震、台風、津波などの天変地異を不可避なものとして経験してきた日本人は、自然をコントロールしようとすることがいかに空しいことであるかを学んできました。そんな日本人は、環境をコントロールしようとすることではなくて、環境に対して自らを合わせていく方法を身につけてきたとも言えます。

未来を自らの手で作り出していくのではなく、そのときに発生したイベントに合わせて自らを変えていく——そう考えると、「あえて戦略を持たない」というのも、実は日本人らしい戦略だったのかもしれません。

しかし、世界の変化はいよいよその速度を増しています。革命的な様相すら見せ始めている現代の国際社会にあって「あえて戦略を持たない」という日本独特のスタンスがいつまでも通用するとはとても思えません。

戦略は戦略家だけのものではない

本書は、ビジネスにおける戦略を「現場寄りの責任者」として立案し、実行プロジェクトを指揮する人（戦略家やプロジェクト・リーダー）の視点を想定して書かれています。

しかし本書は、「現在戦略家として活躍されている方」にはもちろん、次の時代を担う「現場の若手ビジネスマン」にこそ読んでいただきたいと考えています。

特に戦略が立案されたあとの実行は、戦略家でなくとも多くのビジネスマンが巻き込まれることであり、戦略的なプロジェクトの背景にある理屈を知ることは有意義なはずです。

さらに本書は、ビジネスにのみ限定されるものではありません。すべての人は、自分自身のキャリア戦略の責任者です。その意味では、読者を限定していないとも言えます。

本書の構成

第1章は、一般にとても曖昧な理解をされている「戦略の定義」を、きっちりと理解していただくことを目的として書かれています。

世間には戦略という言葉があふれていますが、この言葉を正しく理解している人は決して多くありません。

戦略の実務において、直感は非常に大事な要素です。しかし、ロジックよりも直感を優先するような態度は決して容認できません。それはまるで、プロ野球の選手になろうと志す若者が、素振りなどの基礎練習をすることを怠って、長嶋茂雄の格言集ばかりを繰り返し読んでいるようなものだからです。

第2章は、戦略の立案に先立って必要となる「現状把握」のための「情報の収集と分析」にスポットを当てています。

「情報化時代」などという言葉は、すでに陳腐化しているにもかかわらず、情報の収集方法や分析方法についての基礎を知っている人は、意外なほど少ないのです。

「顧客の意見を聞かないとダメだ！」なんて叫んでいる人でも、インタビューの基礎すら学んだことがなかったりします。これは非常におかしなことです。今一度、情報の重要性を確認し、その収集と分析に関する理論を学ぶべきではないでしょうか。

第3章は、戦略によって到達しようとする「目標の設定」についてです。

日本語の「目標」という言葉が連想させるのは、「ジャンプ」や「飛躍」といったイメージではないでしょうか。

しかし、目標に対するこのイメージは誤りです。目標というのは、「エイヤッ！」と決める部分もありますが、むしろ本来は正しい現状の把握からジワリとにじみ出るようなものであり、また一歩ずつ階段を登るようにして近づくものだからです。

受験における志望校は、自分の現在の成績によって定められるように、極論すれば「目標とは現状の奴隷」なのです。

第4章は、優れた戦略を立案するための「原則」を明らかにすることを目的として書かれています。

戦略の専門書は、これまでも多数出版されてきましたが、これらの多くはMBA的なフレームワークを集めた辞書的なものがほとんどです。

そこで本書では、紹介するフレームワークの数を、意図的に必要最小限なレベルにとどめることで、現場で最重要となる「戦略立案の具体的な方法」を深く学べるように配慮しました。

料理の初心者が包丁を何本も持っていても仕方がないように、戦略の初心者にとって重要なのは、まずは1本の包丁を十分に使いこなせるようになることです。

しかし、たとえ包丁は1本しかなくとも、それでプロ顔負けのすばらしい料理を作る人は大勢いることを忘れないでください。

第5章では、「戦略の実行」について考えていきます。

戦略の立案と戦略の実行は、どちらか一方でも欠けてしまえば、トータルの戦略としては失敗となります。

戦略の立案は、ロジカルに突き詰めることができる科学的な性格のものです。ところが、戦略の実行となると、これはもう「他人を動かす」ということですから、「ロジック」よりも「情緒」が優先されるような、ドロドロとした世界です。

しかし情緒優先であれば、方法論が生まれないというわけではありません。これまでに多くの戦略家たちが苦労してため込んできたノウハウや、寄って立つべき基軸がありま す。本章では、こうした戦略の実行に関する考察を試みます。

この場を借りて本書執筆に当たりお世話になった方々への御礼を述べさせていただきます。株式会社ディスカヴァー・トゥエンティワンの皆様、特に原典宏さんには、前著『はじめての課長の教科書』に引き続き、本書の企画から編集、校正や販売のすべてのプロセスにわたって大変お世話になりました。

前著に続き、本書の制作を支えてくださる多くのスタッフの皆様、特に、快く最後の修正を引き受けていただいた厚徳社の皆様には、本当に救われました。

本書の第5章で述べられている「プロジェクトの成果は政治的なツールとする」という

視点は、ハンドルネーム・紺ガエルさんからいただいた前著への書評にヒントを得ています。

弊社J3 Trust B.V.の共同創業者で代表取締役CEOのロブヤン・デ・ヘールからは、ベンチャー・キャピタリストとして大きなチームを率いた実務経験から、戦略立案の現実に関する意見をもらいました。

同じく弊社J3 Trust B.V.の共同創業者でオペレーション担当取締役COOの鄭永強からは、コンサルティング会社での数々のプロジェクト・マネジメントを通して、社内外の戦略の実行に関わってきた経験から、いくつかの助言をもらいました。

前著に引き続き、筆者が最も尊敬する先輩であり、現在は外資系コンサルティング会社アクセンチュアでシニア・マネージャーとして活躍されている保科学世さんには、数多くの企業における経営戦略の実務に関わった豊富なご経験から、特に戦略の実行における注意点に関して、多くの助言をいただきました。

最後に、いつも私を支えてくれている妻と娘に心より感謝します。

2008年6月　オランダ、フェルトホーヘンにて

酒井　穣

あたらしい戦略の教科書●目次

第1章 戦略とは何か？

第2章

現在地を把握する
――情報収集と分析の手法

第3章

目的地を決定する

――目標設定の方法

第4章

ルートを選定する
——戦略立案の方法

第5章

戦略の実行を成功させる

第6章

戦略コンサルタントになる

第1章

戦略とは何か？

戦略をもってしても、成功が保証されるわけではない。
しかしそれなくしては、失敗が確実である。
――ピーター・ドラッカー（社会学者、経営学者）

戦略の定義は、驚くほど多数存在します。経営学的には、戦略論には、少なくとも10の学派があることが知られており、それぞれに異なる戦略の定義を持っています。

しかし、ここでそのすべてを取り上げて、どれが優れている、どれが劣っているという議論をすることは、本書の目的ではありません。

本章では、最も理解しやすいと思われる戦略の定義を、日常的な具体例を通して多角的に考えることで「戦略という言葉の意味」を読者の記憶に刷り込むことを試みます。

まずは一つのシンプルな定義を覚えてもらうことと、それに従って、自らの行動に変化を生み出すことを考えてもらいます。より優れた定義を求めても、結果として自分が変わらなければ意味がありません。

1 戦略とは「旅の計画」である

「戦略」とは、日常的な言葉では、「方法」「道筋」「手順」「計画」「プラン」「ルート」などといった言葉で示されることが多いようです。

ここで「なあんだ」と思わないでください。本当に大切なことは、とても身近にあるものなのですが、その大切さに気が付くのは、意外と難しいことだからです。

さて、私が読者に伝えたいことを、できるだけ簡単に表現すると、29ページの図のように、「戦略とは、現在地と目的地を結ぶルート」にたとえることができます。つまり**「戦略」とは、いわば「旅の計画」**なのです。

ここでも「そんなことは知っている」と感じるかもしれません。ですが、もう少しおつきあいください。

旅の計画を立てるときには、次のような手順で行うものではないでしょうか。

ステップ❶　「現在地」を明らかにする
ステップ❷　「目的地」を明らかにする
ステップ❸　現在地と目的地を「結びつける方法（＝戦略）」を考える

ずいぶんと単純で、なんだかわかったような、わからないような気分になるかもしれません。しかし、戦略とは、それをモデル化してしまえば、これほどシンプルなものなのです。とは言え、これだけでは戦略の定義の理解としては不十分です。より理解を深めるために、いくつか例を挙げて、戦略の持っている特徴を明らかにしていきます。

◇「最適ルート」という戦略を立案するカーナビ

戦略を作るときのステップは、カーナビを想像すると、より明確になります。

カーナビのスイッチを入れると、まずカーナビは、①「現在地の確認」をします。それからドライバーに②「目的地の入力」をさせ、③「最適ルート（通常は最短ルート）の検索」をします。

戦略とは「旅の計画」

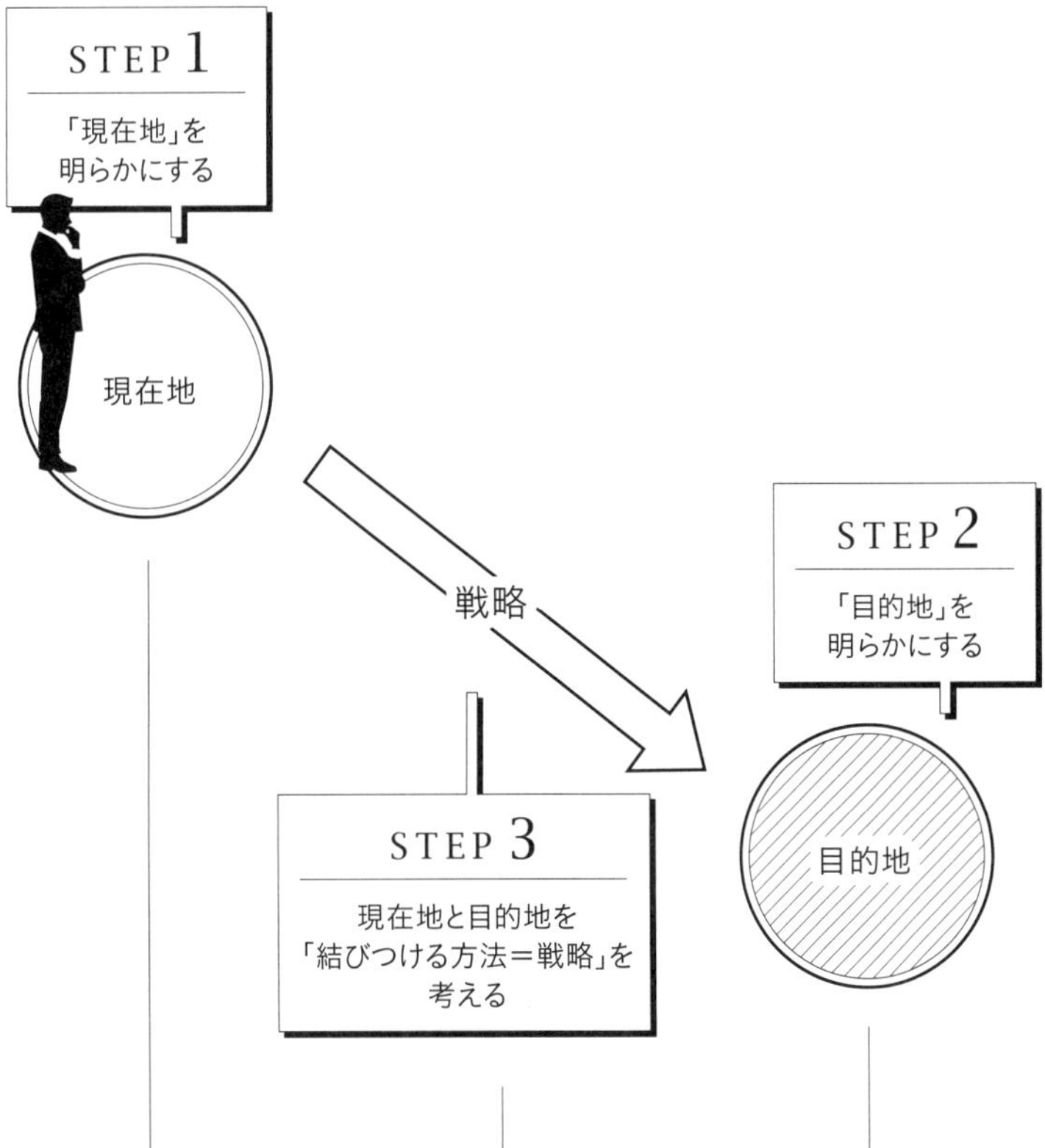

「現在地」は常に変化する。

「戦略」は現在地の変化に応じて変化する。

「目的地」は、頻繁には変化しない。

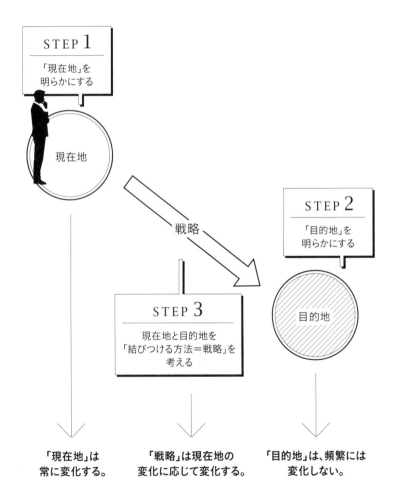

ここでは、カーナビが戦略の立案をしているのです。

しばらく運転をしていると、工事中の場所があったり、道を間違えたりして、はじめに計算されたルートからはずれたりすることがあります。するとカーナビは、即座にルートの再計算をして、新しいルートをドライバーに提示します。

この比喩から見えてくる、戦略を理解するためのポイントは——

（1）「現在地」は常に変化している

（2）「目的地」は、現在地ほど頻繁には変化しない

（3）「戦略（ルート）」は、基本的に現在地の変化に応じて変化する

ということです。この比喩からも、**優れた戦略を立てるためには、現在地の確認が鍵になる**ことがわかると思います。

実は、目的地も現在地とは無縁ではありません。むしろ現在地に依存するものです。

自動車の比喩で続ければ、現在地からたどり着ける目的地は、いろいろな制約条件（予算、時間、ガソリンの残量、車道が整備されているかどうかなど）によって、ほぼ決まってしまいます。ある意味で、目的地とは、現在地の奴隷とも言えるわけです。

2 大学受験の戦略を考える

大学受験を例にして、さらに戦略を考えてみます。
まず、受験における現在地には、以下のようなものが含まれます。

・得意科目
・苦手科目
・受験日までに残された時間
・学費や生活費の予算
・大学で学びたいこと

この「現在地」をベースに、「目的地」である志望校をリストアップします。

この志望校のリストには、滑り止め（＝低い目標）、まあ順当と言える大学（＝妥当な目標）、運次第では可能性のある大学（＝高い目標）という、だいたい3つのカテゴリーが含まれるでしょう。このとき、無謀な目標や、簡単すぎる目標というのは排除するのが普通です。

このように、**目的地とは、現在地に依存した「不確定な未来」のことでもあり、本質的に「幅」を持っている**ものです。

そこに、先週の模擬試験の結果が返ってきたとします。

すると、苦手だと思っていた科目の評価が上がっていました。さらに両親から、お金のことはあまり気にせず、東京の大学に行ってもよいという許可が出たとします。

こうして「新たな現在地」が得られると、「目的地」である志望校のリストも新しくなります。

ここまでで確認されるべきポイントは——

（1）「現在地」は、客観的な事実でできている
（2）「目的地」は、現在地に依存し、かつ幅のある「未来」のことである

ということです。

だんだん複雑になってきましたが、要するに、目的地と戦略は、単独で存在できるものではなく、どちらも現在地に依存しているという部分を覚えておいてください。

◇目的地はイベント発生によって変化する

さて、無事に新たな志望校のリストを作成し、日々勉強に励んでいたところ、図書館で運命の出会いがあったとします。もう、彼女（彼氏）のことで頭がいっぱいになってしまい、いつしか交際が始まったとしましょう。

ところが、なんと彼女（彼氏）は、父親のアメリカ駐在に合わせて、アメリカの大学を目指していることが判明しました。交際を続けるには、自分もアメリカの大学に行くしかありません。

あせって、自分の英語の成績と、両親が考えている学費の予算を確認したところ、英語力はまあなんとかなるとしても、アメリカでの生活費なんてとても出せないということがわかりました。しかし「仕方がないな……」と簡単には引き下がれません。

インターネットでいろいろと調べたところ、奨学金とホームステイ、学費ローンなどを組み合わせれば、なんとかアメリカでもやっていけそうな希望がわいてきました。
まずは、現在地の再確認をします。

・得意科目──特に英語の成績は？
・苦手科目──アメリカでは高校の成績が重要
・受験日までに残された時間──アメリカの大学は9月始まりだから、少し余裕がある
・学費や生活費の予算──足りないお金はいくらで、それは奨学金でまかなえるのか？
・大学で学びたいこと──いまは二の次（優先順位が低い）
・課外活動の履歴（生徒会活動やボランティア）──図書委員だった
・TOEFL、SAT（英語、数学の試験）──受けたこともない
・英語の推薦状を書いてくれそうな知り合い──叔父さん

これはかなり大変そうです。単純に一生懸命勉強すればよいというのではなくて、相当よく練られた「戦略」が重要になってきそうです。

ここまでのポイントは──

目的地と戦略は「現在地」に依存する

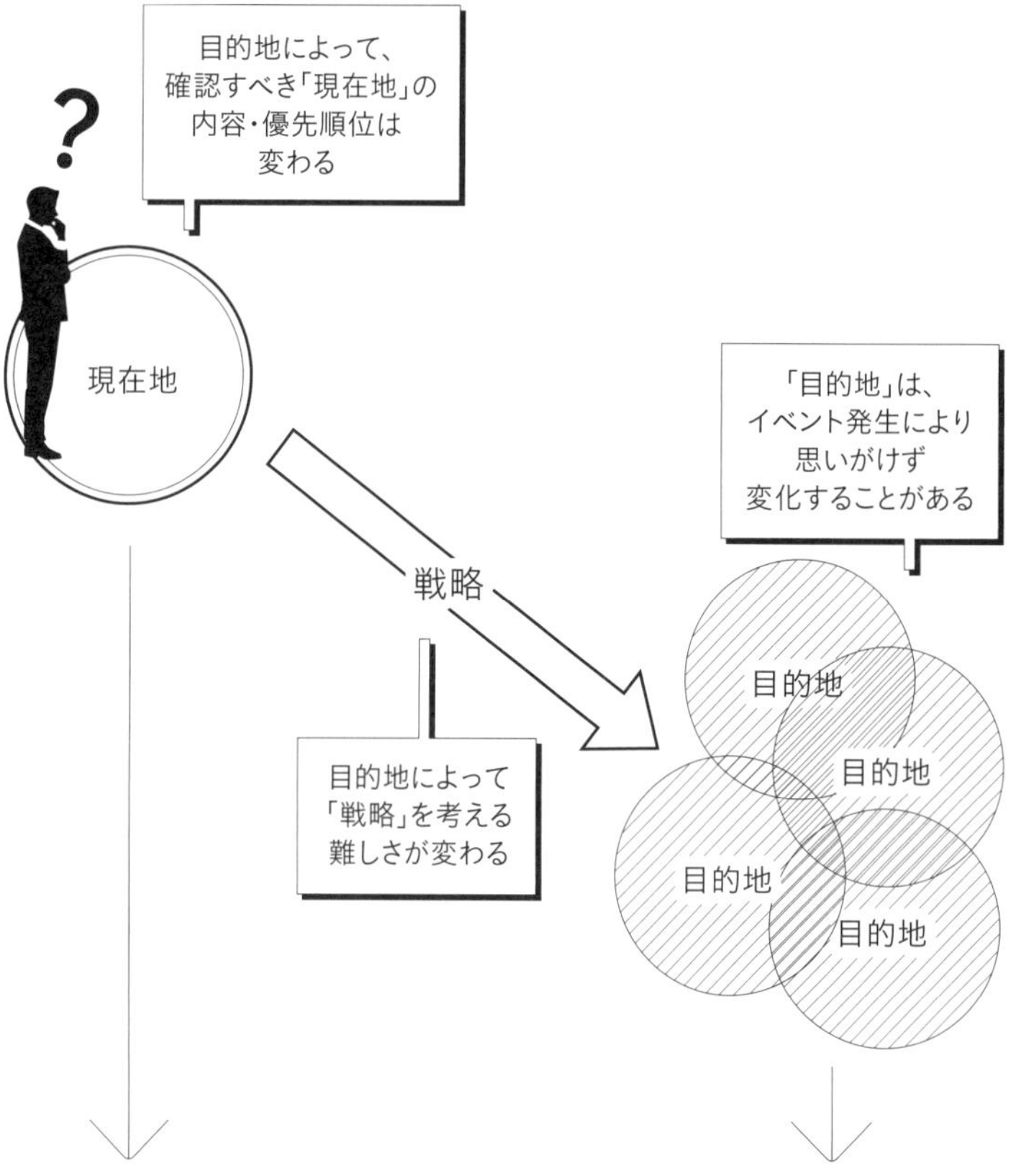

「現在地」は客観的な
事実でできている。

「目的地」とは——
・不確実な未来
・「幅」がある

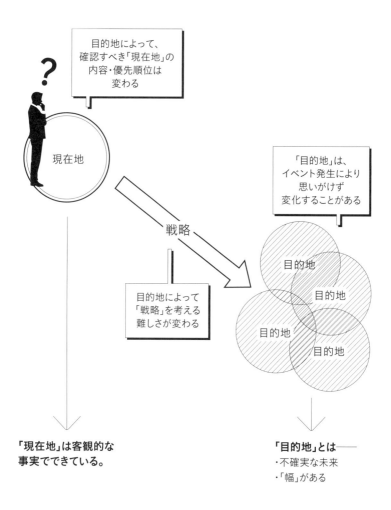

(1) 目的地は、「イベント」によって思いがけず変化することがある
(2) 目的地によって、確認すべき「現在地の内容」や「優先順位」が変わる
(3) 目的地によって、ルート(戦略)を考える「難しさ」は変化する

ということです。

目的地は、現在地ほどには変化しないのが普通です。しかし、なんらかのイベントをきっかけとして、大きく変化することがあり、その場合は戦略が変わることはもちろん、確認すべき現在地の内容や優先順位が変化します。

こうした目的地を変えてしまうようなイベントには、たとえば「経済的な不況」のように、厳密にそれがいつ発生するかはわからなくとも、いずれは必ず発生するというものもあります。そのような発生する可能性の高いイベントに関しては、ある程度事前にピックアップしておいて、**戦略の立案においては、可能性が高いイベントが発生した場合の対策(事前・事後)と、「バックアップ・プラン」を準備しておくことが重要**であることがわかるでしょう。

これは、大震災などが発生したときのために、普段から防災グッズを準備し、避難所の確認をするようなものです。これも戦略の一種です。

3 戦略は、時間とともに成長する

カーナビにせよ、受験にせよ、戦略を立てるには、常に「現在地の確認」を怠らないことが鍵になります。現在地が確認できなければ、そもそも目的地への到達可能性もわかりませんし、必要になる準備（戦略）も明らかになりません。

次に、目的地がはっきりしなければ、そもそも、なんのために現在地を確認しているのかがわかりません。大学を受験する予定もないのに、予備校の模擬試験を受けるようなものです。

戦略とは、いうなれば「現在地と目的地を両親とする子供」に相当するものであって、現在地と目的地なしでは決して生まれてこないものなのです。しかしダメな両親から優れた子供が生まれることもあるように、現在地と目的地の確認が驚くほど簡素なものであっても、そこから優れた戦略が生まれることもあります。

ここで非常に大切な概念となるのは、子供と同じように**「戦略は時間とともに成長する」**ということです。

戦略は、一度立案されてしまえば、それでおしまいというわけではありません。時間が経てば、現在地はどんどん目的地に近づきます。

カーナビでは、目的地に近づくにつれて、到着予想時間がどんどん正確になりますね。これと同じように、現在地と目的地の距離が短くなれば、不確定な要素がぐっと減り、戦略はより強く立派に成長します。

現在地と目的地の間には、「時間」というどうにもならない不確実性が横たわっているのですから、**立てられたばかりの戦略は、常に弱々しく頼りなく見えて当然**なのです。

カーナビが示すルートのように、目的地にたどり着くまでは常に「未完成」なものであるという戦略のダイナミックな部分を理解しないと「戦略なんて意味がない」という短絡的な結論に至ってしまうので、注意してください。

実際に目的地を目指して動き始めると、それまで見えていなかった事柄が次々と明らかになります。明らかになっていくのは、いうなれば新しい現在地の情報です。この**新しく得られた現在地の情報を食べて、戦略は強く大きく成長していきます。**

実際に優れた戦略というのは、はじめは喫茶店の紙ナプキンの上に、店員さんに借りたボールペンで立案されたりするものです。しかし、それがついには、100枚を超える事業構想のプレゼンにまで成長したりするのです。

◇戦略を育て続けることで、企業も成長し続ける

戦略がないということは、新たに入ってくる現在地の情報を関連づけるべき「本体」を持っていないということです。それは、入ってくる情報を「これは、何かに使えそうだな」と感じつつも、ひたすら無駄に捨てるということでもあります。

ですから、胸のうちに、弱々しくとも小さな戦略を持たない個人や企業にとっては、世界にあふれる情報が刹那的なものに思われても仕方のないことなのです。

逆に、**戦略を意識して生きている人は、多くの情報に「意味」をもたせることができ、それを適切に記憶していくことが可能になります。**これは想像以上に重要なことです。

多くのことを記憶できる人間が、様々な場面で有利になることは疑えません。いかにネットで調べればなんでもわかると言われようと、そもそも知識のない人間には検索キーワードすらわからないということは忘れられがちです。

目的地を明らかにし、たとえ細くとも現在地と目的地をつなぐラインを引いてみること

が重要です。そして目的地を目指して動き始めることで、そのラインは新たに取得される情報によって太くしていけるのです。

時間が経てば、現在地に関する情報は量的に増えていきます。そんな情報を食べて、戦略は質的に育つのだという視点を決して忘れないでください。

子供のころの夢（目的地）というのは、その多くが達成されません。ですが、子供ながらになんらかの目的地を設定し、今の自分と未来の自分の間に1本のラインを引けばこそ、子供は世界に対してより大きな好奇心を持って、主体的に情報の習得に関わっていけるのではないでしょうか。子育てという文脈においても、戦略のあるなしは大切なのです。

このように、戦略の存在意義には、目的地にたどり着くためのツール以上のものがあります。極端に言うと、**仮に目的地にたどり着けないとしても、目的地と現在地とを結ぶための戦略を育て続けるという態度が、広い意味での業績を向上させる**のです。

カーナビは、それを持っているだけで、どこか遠くまでドライブに行ってみたいという気分を刺激します。戦略とは、人間のメンタルにも大きく作用するものなのです。

4 戦略における完璧主義のワナ

仮にあなたは、日本地図を完璧に頭に入れていて、日本中の道を、地図に載っていない裏道まで含めて熟知しているとします。さらに、工事情報や渋滞情報などもラジオやネットで完璧に把握できるとしたなら、カーナビは必要でしょうか？

ほとんど必要ありませんね。目的地までの最適なルート（戦略）も、おのずから決まります。

では、世界の現状と未来について完璧に理解している神様がいると仮定した場合、その神様に、戦略は必要でしょうか？

現状と未来を完璧に知っている神様は、いかなる目的地でも、それが自らの現状からみて到達可能かどうかを瞬時に判断することができます。そこで成功を望むのであれば、到達可能な未来を選びとればよいだけです。神様に戦略は必要ありません。

われわれのような**普通の人間に戦略が必要なのは、現状を完璧に把握したり、未来を完**

全に予測したりすることが不可能だからにほかなりません。

戦略とは、そうした不確実な環境において、少しでもロジカルな選択をし、それを関係者とコミュニケーションしていくためのツールなのです。

◇議論を尽くして決断が遅れる日本人

日本人には、有名メーカーの製品の一部に欠陥が見つかれば「ものづくり崩壊」と騒ぐような、完璧さに極端にこだわるところがあります。

これは品質管理のためにはすばらしい資質なのですが、こと戦略にかけてはマイナスです。小さな不確実性にこだわりすぎて決断のタイミングを逃せば、戦略全体を破壊してしまうようなことにもなりかねないからです。

日本では、何か重大なことを決めようとするとき、「もっと議論を尽くすべきだ」という声が必ず挙がるものです。特にこうした声は、そうした重大な決定が自分にとって不都合なものである人々から聞こえてくるのが常です。では議論を「尽くす」とはいったい具体的には何を指しているのでしょうか。

「議論を尽くす」という言葉には、注意に注意を重ねて判断に必要な情報をより多く集め、それぞれについてさらに議論を重ねるという意味があると思います。決断のタイミングよりも議論の量を重視する立場であると言えるかもしれません。結果として決断は遅れ、追加される議論にかかる時間と労力も膨大なものとなります。

◇議論を尽くすのは不可能

「尽くす」という言葉には、完璧主義的な意味があります。ここには、皆がすべての情報を完璧に理解すれば、最適な判断はおのずから導き出されるという前提が含まれているのでしょう。

しかし先にも述べたとおり、われわれは神様ではないのですから、そもそも「すべての情報」を集めることはできません。さらには、まったく同じ情報が与えられたとしても、その解釈はそれぞれ個人の価値観によって異なります。結果として、**「すべての情報」が得られたとしても、誰もが納得のいく結論に至るということはない**のです。

結局、この「議論を尽くす」という言葉には、いくら議論をしても、最終的にそれを判断するのは、かなり不完全な人間であるという視点が抜け落ちているわけです。戦略には、こうした完璧主義に逃げ込まないだけの「決断力」が求められるのも当然でしょう。

5

戦略は中心メンバーの選出から始まる

ここまでの話で、「現在地」「目的地」「戦略」は、それぞれがダイナミックに変化しながら、お互いに深く関係し合う概念であることが理解できたと思います。

ところで、戦略という「冒険」を始める前に、最初に決めなければならないのは、その冒険を共にする「旅の仲間」、すなわち戦略プロジェクトの中心となるメンバーです。

ここは一番誤解されがちなポイントなのですが、戦略を推進するプロジェクトの中心メンバーは、戦略ができ上がってから選び出すのではありません。

これは言うまでもないことですが、戦略は「仲良しグループ」で実行しなさいということではありません。この点では、むしろ逆であることのほうが多いぐらいです。

◇「危機感」と「希望を失わない態度」を兼ね備えた人材を選ぶ

本書を最後まで読んでいただければ明らかになることですが、戦略を推進するプロジェクトの中心メンバーとは、それぞれが異なるスキルを持った人々で構成されるロールプレイング・ゲームの主人公たちのような存在です。

そんなプロジェクトのメンバーに必要な資質があるとすれば、それは現状維持を嫌い、大きな危機感を持ちながらも、希望を失わない態度です。

「われわれは変わらなければならない」という点において同意できない人が、プロジェクトの中心メンバーになることは、戦略の推進には致命的です。

「戦略を推進するプロジェクトに関わる中心メンバーが優秀かどうか」だけではなく、「メンバーに選ばれる人材が、戦略を実行していくのに適切かどうか」ということが、あとに続く結果を決めてしまうのだということを、本論に入る前に、まず強調しておこうと思います。

コラム

戦略と戦術の違いとは？

日本では、「戦略と戦術の違いを理解しろ」といった議論がよくありますが、ああいうのは重箱の隅をつつくようなもので、実務家にとってはほとんど意味のないものです。

確かに『孫子』と並ぶ戦略論の名著・クラウゼヴィッツの『戦争論』では、戦略と戦術をはっきりと区別しています。このクラウゼヴィッツによる定義を現代的に解釈すれば、戦略とは経営者（将軍）の視点からビジネスを大きく抽象的にとらえた結果生まれるもので、戦術とは現場社員（兵士）の視点からビジネスを小さく具体的にとらえた結果生まれるものということになります。

しかし、こうした経営者と現場社員の視点には明らかに「全体と部分との関係」があり、全体というのは常に部分の集まりであって、それらは密接に関係しています。

実際に、世界中の戦略研究家たちは、戦略がピラミッド型をした階層構造になっていることに広く同意しており、そのピラミッドの最下層をときに「戦術」と名付けています。

要するに、戦術は「現場の戦略」と定義されているのです。つまり戦術とは、戦略の一種なのです。

必ずしも、小さなものの合計が全体のあるべき方向を示すわけではない（＝合成の誤謬）ということには注意が必要です。

しかし、変化の激しい現代にあっては、現場の兵士に相当する末端社員の専門知識とアイデアにあふれた視点のほうが、美辞麗句を集めただけの全社の視点よりも重要になる場面も増えてきています。現場の視点の持つ意味が、必ずしも全社のそれよりも劣るものだとは言えません。

現代のアメリカ軍の原子力空母では、危機のレベルが上がるにつれて、意思決定権は逆に現場レベルに向かって降りていくという話をご存じでしょうか。

最も危険な状況において、大ざっぱで古い知識しか持たない者（ビジネスでは経営者と呼ばれる人々）が、空母の艦橋に座っているからというだけで間違った指令を出せば、必ずや悲惨な結果を招き入れることになるでしょう。

その良し悪しは別として、世界で常に戦争をしている現代のアメリカ軍の、この戦略に関するノウハウは、ある意味で現場の「戦術」の重要性が、これまでにないほど増しているという事実を表しているのではないでしょうか。

ちなみに、世界中のビジネス・スクールで使用されている専門的な経営戦略の教科書では、戦略と戦術を明確に分けて考えたりはしません。そもそも現代の経営学の世界では、戦術（tactics）という言葉はあまり出てきません。戦術というのは、経営学の世界では、ほとんど死語とさえ言うことができます。

試しに、これらの言葉をインターネットで検索してみてください。英語でも日本語でも「戦術」という言葉は「戦略」という言葉ほどには使用されていないことがすぐにわかるでしょう。

さらに調べてみると、「戦術」という言葉は、軍事、スポーツやゲームなどといった、敵との直接対決がメインとなる世界以外ではほとんど使われていない分野限定的な「用語」であることもわかります。

もちろん筆者は「戦術」という用語そのものを言葉狩りの対象にしようとしているのではありません。しかし、戦略と戦術の違いといった「議論のための議論」を進めるよりも、自分にとって戦略とは何かを正しく理解し、戦略の立案方法を学び、それを実行するためのテクニックを考えていくことのほうが、戦術という言葉にとらわれてしまうこととは比較にならないぐらい重要であると思うのです。

本章のポイント

戦略とは何か？

戦略とは、「現在地から目的地に行くときのルート」にたとえられる。戦略立案は①現在地の確認、②目的地の決定、③最適ルートの探索の3つのステップで行われる。

「現在地」は、客観的な事実でできているが、「目的地」は、現在地に依存し、かつ幅のある「未来」のことである。

目的地は、なんらかのイベントによって、思いがけず変化することがある。目的地が変わると「戦略」「確認すべき現在地の内容・優先順位」が変化する。

——戦略においては、常に「現在地の確認」を怠ってはならない。目的地に近づくことで手に入る「新しい現在地の情報」が戦略を成長させる。

——現状の完璧な把握や、未来の完全な予測は不可能である。戦略においては、完璧主義に逃げ込まない決断力が求められる。

——「われわれは変わらなければならない」と考えていない人物が、戦略プロジェクトの中心メンバーになることは致命的である。

第2章

現在地を把握する
――情報収集と分析の手法

釣り糸はいつも垂らしておけ。
一番思いがけないときに池の中には魚がいる。
――オウィディウス（古代ローマの詩人）

戦略においては、解決策を考える前に、まず解決すべき問題が何であるのかを発見する能力が求められます。

ソリューション・ビジネスやアウトソーシングが乱立する現代社会では、解決すべき問題がはっきりすれば、問題を解決してくれる人や組織は比較的簡単に見つかるものです（もちろん、それだけで問題が解決するというわけではありませんが）。

本当の意味での差別化を実現するには、「自分にとって何が本当に大切な問題なのか」を正しく認識し、それに正しい優先順位をつける力が必要です。本章は、そんな「相手にすべき問題」を発見するための方法論について考えていきます。

1

情報力が戦略を簡単にする

情報力が戦略の要であることは、ナポレオンも愛用し、世界で最も影響力を持っている戦略書の『孫子』（紀元前5世紀ごろに成立したといわれている）にも書かれています。

『孫子』には、「敵味方の現状を比較分析し、それを軍議にかけ、十分な勝算があると判断されるときにのみ、戦争を実行せよ」ということが、内容の主軸として述べられています。

戦いの前に情報を集め分析する専門家は、紀元前13世紀のエジプトとヒッタイトの間で起こった「カデシュの戦い」の戦闘記録にも出てくることが知られています。

戦争を繰り返してきた人類は、歴史のかなり早い時期より、戦略の立案以前の段階における「情報の収集と分析の重要性」に気が付いていたのです。

◇未来が読みにくくなるほど、戦略は難しくなる

言ってみれば、**戦略とは「より良い未来を実現するための計画」**に相当するものであり、**現状への理解を深めることは、そうした未来を読むためにも重要**です。戦略とは、未来の予測をベースとした「がんばれば実現できそうな目標」を達成する（目的地に到達する）ために作られるものですから、戦略の実務とは、本質的に未来を扱うものなのです。

さて、旅行の計画を立てるときには、複数の旅行先（目的地）について、現地の予想気温や天気予報、バスや電車の時刻表、ホテルの予約状況、観光地での滞在時間などを考慮するでしょう。

さらに、現地でのホテル代や食事のことなども考えて旅の予算も組むはずです。海外であれば、現地の治安情報などと合わせて、現金やトラベラーズ・チェックをどれくらい準備するべきかなどにも悩むでしょう。

もし、旅行の計画を立てるときに参照する「未来に関する情報」がまったく信頼できないものであればどうなるでしょうか。

「未来の不確実性」と「戦略の難易度」

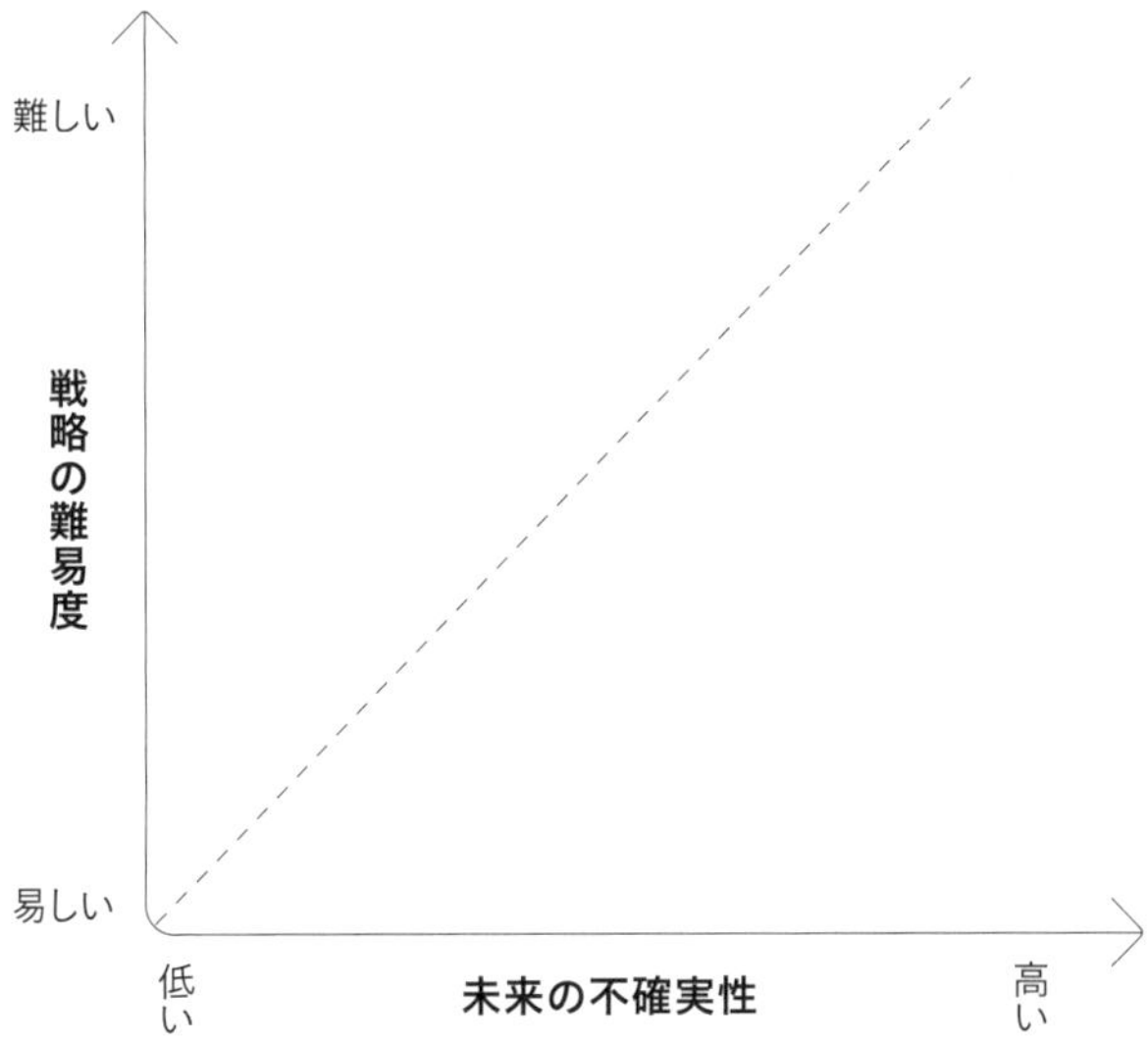

「未来の不確実性」が高まると、優れた戦略立案は難しくなる。

現地の気候は、予測よりもずっと寒くて風邪をひいてしまうかもしれません。天候には恵まれるという予想だったのが、台風でとても外を歩ける状態ではないかもしれません。現地の物価は予想以上に高く、レストランでの支払いがかさんで予算オーバーとなってしまうかもしれません。

当たり前のことなのですが、**未来の読みにくさ（未来の不確実性）が高まると、優れた計画（戦略）を立てることは難しくなる**のです。

未来が予測できるのであれば、取るべき戦略はおのずから明らかになるというのは、勝ち馬がわかっていれば、どの馬券を買うべきかの判断に迷わないのと同じことです。

この思考実験からわかる大切なポイントは、戦略家が取るべき「はじめの一歩」とは、できる限り正確に未来を予測するということ、すなわち「未来の不確実性」を下げることによって、「戦略の難易度」を下げるというアクションだということです。

◇未来を正確に予測する3つの方法

できる限り正確に未来を予測する方法としては、大きく3つの方法が知られています。

方法❶　なるべく近い未来を予測する

未来とは言っても、1年後と10年後を予測することの意味はまったく違います。10年後の世界を予測することは、1年後の世界を予測することよりもずっと困難です。天気予報でも、明日の天気予報はそれなりに信頼できても、1カ月後の天気予報ともなれば、とても信頼できません。

ですから、正確に未来を予測する方法①は、**予測の対象となる未来を、可能な限り短く取る**ということです。

日本を代表する戦略コンサルタントである大前研一氏は、広く知られている名著『企業参謀』（講談社文庫／プレジデント社・新装版）の中で、戦略を立てるために予測する意味があるのは、せいぜい3年程度先の未来までのことだと述べています。

この3年という基準を大きく超えて立てる戦略は、もはや戦略とは呼べず、空想の域に入ってしまうということです。

方法❷　未来を自らの手で作り出してしまう

正確に未来を予測する方法として意外と忘れられているのが、この方法です。

たとえば、5年後に自動車を買うために毎月貯金をするという行為は、まさに未来を自分の手で作り出すことにほかなりません。計画が無理のないものであれば、5年後に自動車を持っている可能性は非常に高くなるでしょう。

企業で言えば、これまでになかった製品を市場に投入することで、将来、シェア・ナンバー1を獲得することが可能です。もちろん、シェアがナンバー1であるからと言って、それが実際にどれくらいの売り上げを意味するのかは不明ではありますが……。

方法❸ 現状から、未来を予測する

現在手に入る情報をコツコツと集め、それを正しく分析すること、言い換えれば、できる限り正しく「現状の把握」をすることによって、予測できる未来もあります。

たとえば、20年後の労働力人口などは、20年後ぐらいに「労働力」となる現在の赤ちゃんの数や、20年後ぐらいに定年退職する現在45〜50歳の間にいる人々の総人口とは無関係ではないでしょう。

もちろん、未来は、単純な現状の把握だけからは導き出せません。しかし、現在入手可能な情報が、未来を予測するための数少ない手がかりであることは間違いありません。

競馬で勝つ馬を予測するときに、それぞれの馬の過去の実績、現在の体調、騎手の実績や馬との相性、走るコースの得意・不得意などに関するデータを集め、それを分析することは無意味ではないはずです。

どれほど分析に時間をかけても予測できないものが未来というものではありますが、分析を止めてしまえば、判断のすべては思いつきのカン頼りになってしまいます。

少なくとも、未来は現在起こっていることと無関係ではないのですから、現状を把握することと、未来を予測することの間には無視できない関係があると言えるでしょう。

◇未来の手がかりは常に現在にある

経営の神様とも称されたピーター・ドラッカーは、未来を予測する方法として、「**すでにそこに起こっている未来を探せ**」と伝えています。

進化論的な発想からすれば、将来の世界を牛耳ることになる製品でも、すでにそのプロトタイプが身近に転がっているはずだからです。

リチャード・トレビシックによって蒸気機関車が発明されたのは１８０４年のことですが、蒸気機関車の動力となったワットの蒸気機関が発明されたのは、それよりも30年以上も前の１７６９年のことでした。今から考えれば、ワットの蒸気機関が人類の発展にとって重要であることは明らかです。しかし、１７６９年当時、それが後に世界を変える技術であることを予測することは難しかったはずです。

実務的には、現在入手可能な情報を、自ら作り出す未来の情報まで含めて、幅広い情報ソースから集めて、時間軸を常に意識しつつ分析することが、未来を予測する王道です。

未来を予測する力（情報力）＝情報の収集力×情報の分析力

未来を予測する力である「情報力」は、適切な情報を集める「情報の収集力」と、集めてきた情報から未来を読みとる「情報の分析力」の掛け算によって決まります。

◇情報力の格差が競合との勝負を決める

現実のビジネスにおいて、しばしば天才が凡才に敗れるのも、凡才が天才との間に十分な情報力の差を築いていればこそです。逆に言うならば、いい加減な情報をベースにして戦略を立案すれば、天才的な戦略家でも成功は望めないということです。

このため、ライバルとの勝負では、まずは**ライバルとの間に「情報力の格差」を持つこと**が重要になります。この情報力格差が、自分とライバルとの間に、戦略における「難易

ライバルと「情報力の格差」を持つ意味

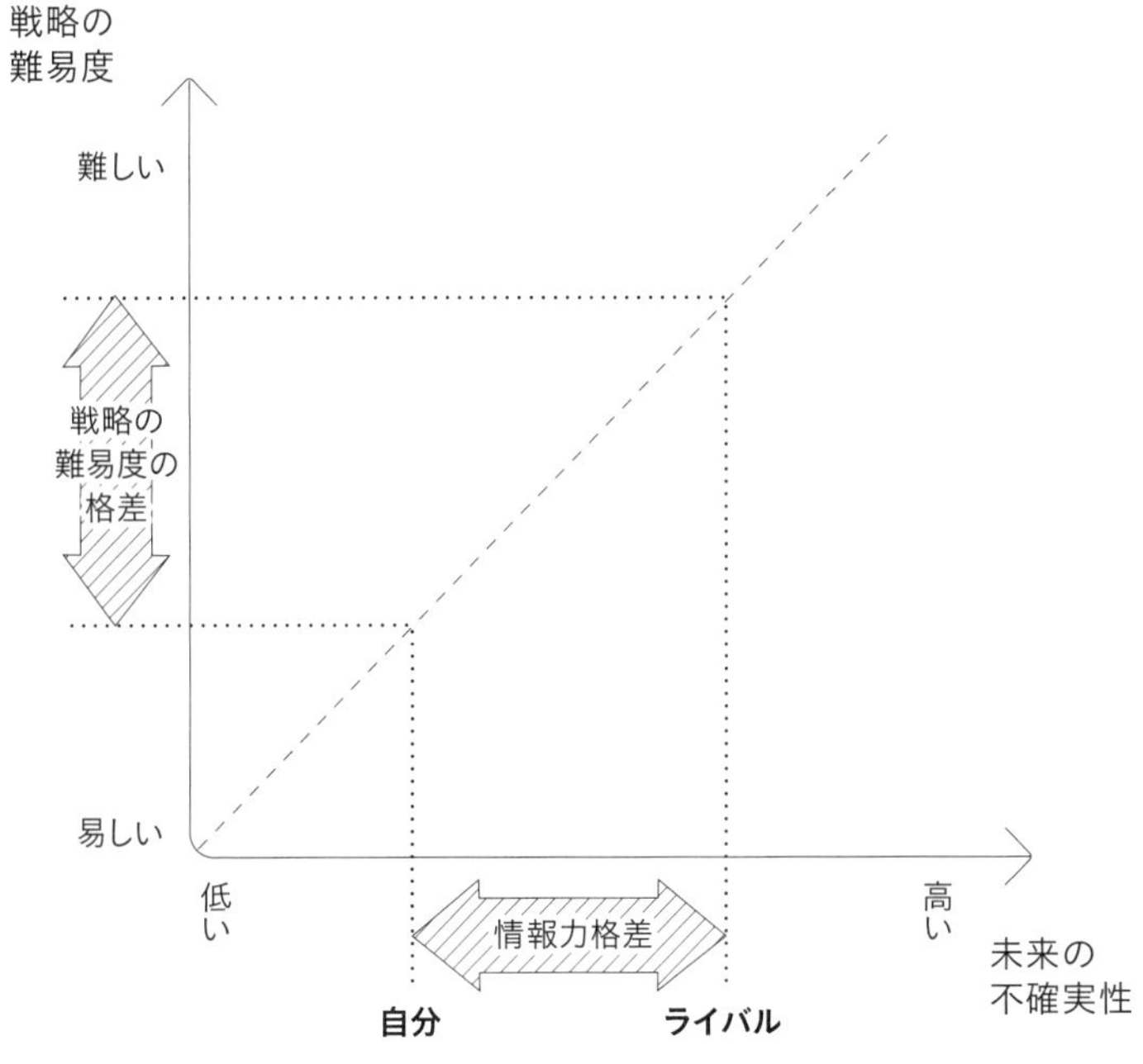

「情報力の格差」が「戦略の難易度の格差」を生む。

度の格差」を生み出すからです。

実は、同じ会社内でも、情報が集まりやすいポジションにいる人が出世しやすいというのも、同じ理屈で説明が付きます。

コンサルタントの梅田望夫氏が「若者は、バンテージポイント（見晴らしのよい場所）でキャリアを磨け」と言うのも、この情報力の格差にレバレッジをきかせることで、キャリア戦略の構築をライバルよりも容易にするというところに理由があるのだと私は理解しています。

すでに明らかだとは思いますが、国家の運営において、各国の諜報機関が負けじと競っているのは、仮想敵国との間に、この情報力の格差を生み出すためにほかなりません。

ここで、なんとしても注意しておきたいのは、**情報を収集し、それを分析すること自体は戦略ではない**という事実です。

この点を誤解してしまうと、せっせと集めてきた情報をエクセルで分析するばかりで、それに続くアクションを起こさないような組織、いわゆる戦略のない組織ができ上がってしまいます。

2 集めるべき情報・行うべき分析とは何か？

現在地（現状）に関する情報を集め、分析するのは、未来の不確実性を下げることで、あとに続く「目的地の設定」と「戦略の立案」をできる限りスムーズなもの（簡単なもの）にするためです。

では、ビジネスの文脈においては、具体的にどんな情報を集めて分析すれば、現在地がはっきりするのでしょうか。

◇自社のスイート・スポットを見極める

まずは、次ページの図を見てください。

「自社にできること」と「顧客が求めること」の重なる部分が、自社がビジネスを展開できる「スポット」です。その中でも特に「競合にできること」と重ならないスポットこそ

スイート・スポット

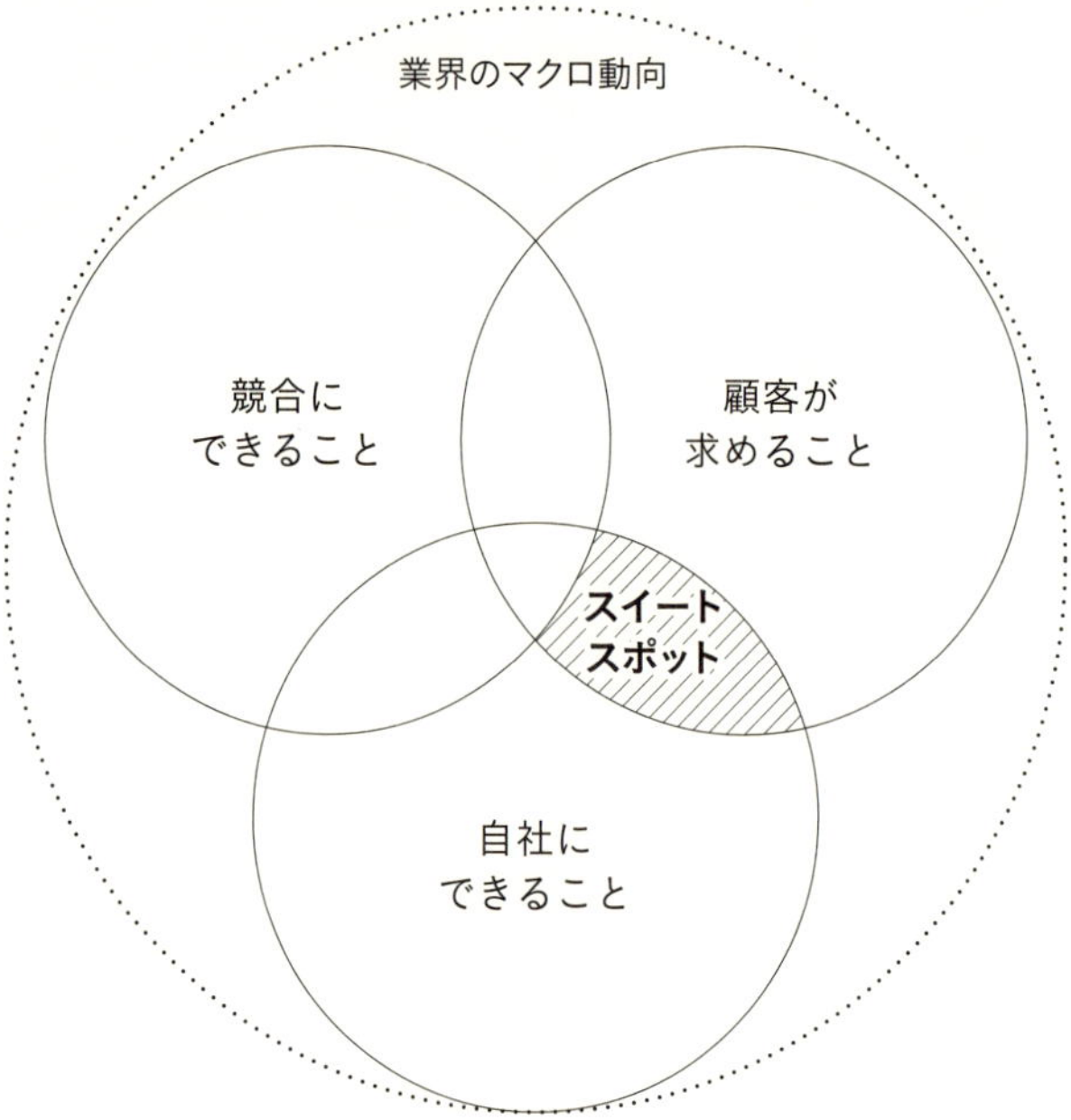

「スイート・スポット」とは、ある種の独占状態を示すエリア。

出典:Collis, David J.et al., “Can You Say What Your Strategy Is?”
Harvard Business Review, April 2008

が、「スイート・スポット」になります。

このスイート・スポットには、「顧客に対して、自社にしか提供できない価値」が含まれています。言ってみれば、ここは「ある種の独占状態」を示すエリアなのです。

直感的に自社のスイート・スポットを考える方法は、「自分の会社がなくなった場合、困るのは誰で、それはなぜか」という質問に答えることです。

ちなみにビジネスの戦略ではなくて、キャリアの戦略を考えるときでも、世界（顧客）に対して、いかにして自分にしか提供できない価値（エッジ）を提案していくかが問われているのですから、スイート・スポットを意識すべきなのはまったく同じです。

さて、一旦、スイート・スポットが明らかになれば、そのあとに続く議論は——

（1）現在のスイート・スポットをいかにして有効活用するか（攻める戦略）
（2）現在のスイート・スポットをいかにして維持するのか（守る戦略）
（3）将来的にスイート・スポットをいかにして広げていくか（成長させる戦略）

の3点に集約されます。これらを具体化、具現化することが議論の焦点になります。

◇法律・規制の改定に目を配る

「業界のマクロ動向」には、業界全体の成長性や技術動向が含まれることは予想できるとは思いますが、ここに法律や規制の改定も含まれるという視点を忘れないでください。自社が所属する業界に関わる法律や規制の改定は、多くの場合、自社にチャンスか脅威をもたらします。

とは言え、こうした法律や規制の改定というのは、普通はそれが決まってから実際に改定されるまでに「時差」があります。

時差を活用して、チャンスであれば攻め、脅威であれば影響を少なくする手を打つというのは、地味ですが、とても大切な戦略です。

「業界のマクロ動向」に競合よりもすばやく対応することで、自社のスイート・スポットを広げるという戦略もあるでしょう。

また、スイート・スポットを明らかにするために必要な4つの情報——

・自社にできること

・顧客が求めること
・競合にできること
・業界のマクロ動向

——は、どれもが現在進行形で変化していることには注意が必要です。

そうしたダイナミックな側面から、「現在地の確認」とは言え、情報の分析では現状の把握だけにとどまらず、そこから将来の予測を引き出す必要があることも理解できると思います。

コラム

フェラーリの競合とは？

フェラーリと言えば「超」高級車の代名詞。そんなフェラーリの競合とは、いったいどんな企業でしょう。実は、フェラーリの競合は、トヨタやホンダといった、他の自動車メーカーではありません。

フェラーリのように1台で数千万円を超えるような高級車を購入する層というのは、そもそもすでに自動車を何台も所有しているはずで、フェラーリが1台目という人は少ないでしょう。

ですから、「フェラーリを買おうかな」と考える人が、フェラーリと比較して購入を迷うのは自動車ではなく、小型飛行機やヨット、2軒目の家や絵画、宝石などです。

つまり、フェラーリのような商品は、その自動車としての性能や価格を、他の自動車メーカーとまったく競っていないということです。フェラーリは自動車ではなくて、「お金持ちのための嗜好品」というカテゴリーで、顧客の興味を争っているのです。

フェラーリの例に限らず、真の競合が誰であるかを理解するのは、意外と難しいものです。

たとえば、レストランの競合は、映画館かもしれません。手芸店の競合は、プラモデル屋かもしれません。また、タクシーの競合は、漫画喫茶かもしれません。

自分の競合を見つけるときは、顧客の財布の中身ばかりではなくて、顧客の時間・関心事を誰と奪い合っているのかという視点が非常に大切なのです。

3 顧客情報こそキングである

スイート・スポットを明らかにするためには、4つの情報（「自社にできること」「顧客が求めること」「競合にできること」「業界のマクロ動向」）が必要です。

しかし、現実には、情報の収集と分析というのは、限られた時間と限られた情報源をベースとして実施されるのですから、常に優先順位を意識する必要があります。そして、取得すべき情報の優先順位は、次のようになります。

顧客情報＞自社情報＞業界のマクロ動向＞競合情報

ビジネスは、「顧客が求めること」と「自社にできること」の重なる部分にしか成立し得ないのですから、これが明らかにならないと、どうにもなりません。ですから、「顧客が求めること」と「自社にできること」が他の何を置いても優先されます。

次に「業界のマクロ動向」を知らないと、スイート・スポットは将来、業界の動向によって大きくなるのか、小さくなるのかという予測が立ちません。法律の改正などを知らないで業績に大きな穴を開けるのは、プロの仕事ではないでしょう。

さらに、現実には複数の製品それぞれについて「顧客が求めること」と「自社にできること」の重なる部分を明らかにする必要があります。このとき、「業界のマクロ動向」というのは、当然製品ごとに異なるはずで、それがわからないと、そうした複数の製品間に優先順位をつけることができなくなってしまうでしょう。

また、「業界のマクロ動向」なしでは、他のビジネス分野に新規参入すべきかどうかといった、自社の新製品の開発戦略なども明らかにすることが難しくなります。

もちろん、「競合にできること」というのも、スイート・スポットを明らかにするために必要となる重要な情報です。

しかし競合情報というのは、多くの場合、入手できたとしてもその信頼性に問題があり、特に重要そうなものに限って「うわさ」にすぎなかったりもします。

実際には、競合についてほとんど何も知らなくとも、「顧客が求めること」と「自社ができること」を結びつけようと必死になれば、それだけでもスイート・スポットを広げることは可能です。

◇古い戦略論の欠点

古くからある戦略論は、その多くが戦争に勝つことを目的として生まれています。ですから、それらは**競合へのフォーカスが強すぎて、「顧客の視点」が決定的に抜け落ちていることが多い**という点には特に注意する必要があります。

これと同様に、競合する相手との直接対決がメインとなるスポーツ、将棋や囲碁、訴訟など、特定の分野で活躍する偉人の格言などを重く受け止めすぎると、顧客の視点が抜け落ちやすいことにも注意する必要があります。

たとえば、日本人が特に好んで参照する「敵を知り己を知れば百戦危うからず」という『孫子』の格言は、基本的に「顧客の獲得」をめぐって競争が行われるビジネスにおいては、完全に間違いです。

横並び意識の強い日本人は、やたらと競合情報を大切にすることが多いのですが、こうした態度は、ビジネスでは、決して褒められたものではありません。

実際に、優秀なビジネスマンというのは、競合の動向にもそれなりに詳しいものですが、それ以上に自分の顧客について非常に詳しく、顧客のことをたずねられれば、何時間でも話を続けることができるものです。

自分が競合を観察している合間にも、競合は顧客を観察しています。**競合と競うべきなのは「どちらがより顧客を理解しているのか」という一点においてこそ**です。それなのに、競合のことばかり気にしていては、勝敗は戦う前から決まっているようなものです。

魚を釣りたければ、まずは魚について知ることです。

他の釣り人がどんなえさを使っているのかばかりを気にしていては、決して他の釣り人に勝つことはできないでしょう（同じ程度には釣ることができるかもしれませんが）。

4 情報収集の3つのステップ

「貴重な情報」というのは、ビジネスの結果に大きなインパクトを与えるものです。しかし、そんな貴重な情報がやすやすと入手できるわけはありません。誰でも簡単に入手できる情報の価値は低いということです。

昨今、「ネットで検索すればなんでもわかる」という風潮があり、誰もが情報収集にネットを利用しています。もちろん、戦略立案のためにネットはフルに活用すべきです。

しかし、ネットは競合も同じように利用しているのですから、ネットを利用するだけでは、競合の知らない情報を手に入れることはできません。**ネット検索だけでは、競合との間に情報格差を生み出すことができない**のです。

自社に関する重要で詳細な情報は、ネットに「流出」させないはずです。であれば、どうして競合や顧客の重要で詳細な情報がネットで見つかると言えるのでしょう。

◇貴重な情報とは「商品」である

自社内には、ネットでは見つからない、貴重な情報が多数蓄積されています。ですが、実はそれを得るだけでも大変な作業です。

「同じ会社に勤める同僚なんだから、オープンに何でも話し合おうよ」という気持ちもわかります。しかし、**資本主義社会における情報には、ほとんどお金と同じほどの価値があるのです。**同僚に「金をくれ」とせがむのがナンセンスなように、同僚に一方的に情報を求めるような態度も、やはり間違っているということです。

貴重な情報とは、本質的には、人々の間で取引される「商品」です。そこには、ゆるやかにではあっても、「何かを得るためには、その対価を支払わなくてはならない」という「等価交換の法則」が働いています。

どこの会社でも、貴重な顧客情報を社内でデータベース化し、営業部門の全員でシェアしようとして、一度は失敗するものです。個々の営業が持つ、自分だけが知っている重要な顧客情報というのは、なんらかの個人的な対価を支払って得たものなのですから、たとえそれが社内の同僚との間であっても、無料でシェアすることを拒否して当然だからです。

同様に、社内ブログや社内ＳＮＳがあまり成功していない原因も、こうした貴重な情報が持っている「商品」としての価値を理解していないことにあると考えられます。

まずは、こうした情報取引の資本主義を正しく理解しないと、情報を効率的に集めることはできないのです。

実際に、お金を払わないと入手できない情報も少なくありません。とは言え、毎回情報を得るためにお金を支払うことはできません。また、社内外の人と貴重な情報をめぐって金銭の取引をすれば、少なからぬケースで、社内規則違反や違法行為にもなり得ます。

つまり、**合法的に貴重な情報を入手するためには、価値が等価と言えるような別の貴重な情報と「物々交換」ならぬ「情報交換」をすることが必要になってくる**ということです。

ここで非常に難しいのは、等価交換の法則というのは、まず自分が相手に与えるべきものを持っていないと始まらないという点です。

では、具体的にどのようにすれば、自分の手元に、「情報取引」に必要となる貴重な情報を集め、効率的に自分が求めている情報と交換することができるのでしょうか。これには、３つの重要なステップがあります。

ステップ❶ ドライ情報をできる限りたくさん集める

「ドライ情報」とは、業界誌などの紙媒体やインターネットで入手できるような、一般に公開されている情報のことです。ウエットな人間関係を利用して、人づてによって入手できる「ウエット情報」と区別するために使用される言葉です。

あくまでも目安ですが、**戦略の実務におけるドライ情報とウエット情報の量的な比率は、だいたいドライ情報が80％に対して、ウエット情報が20％程度**になると言われています。

直感でも理解できると思いますが、ドライ情報のほうが、ウエット情報よりも入手も伝達も簡単で、多くの場合、信頼性も高くなります。

しかし信頼性に問題がない場合は、情報の価値というのは、その「入手のしにくさ」にだいたい比例しますから、ウエット情報のほうがドライ情報よりも一般に価値が高くなります。

とは言え、情報収集の第一段階で必要なのは、ウエット情報のことは一時忘れて、ドライな情報源をとことんまで活用し尽くすという態度です。具体的には――

（1）有力な業界誌、関連書籍、関連特許、業界ブログには、可能な限りすべて目を通す
（2）ネット検索はGoogleだけでなく、他の検索エンジンも使って定期的に行う
（3）有料のニュース提供サービスや有料の分析レポートなどを可能な限り利用する

といったことです。

最低でも、これを日本語と英語に関して行うようにします。自社のビジネスに関係するようであれば、他の言語についてもカバーすべきであることは言うまでもありません。

一見、こうした「当たり前のこと」をやっても競合とは差がつかないように思えますが、私の経験では、こうしたことをやるだけでも結構、勝率が上がるように思います。

ステップ❷　ドライ情報をベースにして、インタビューをする

ドライ情報を入手した形のまま「横流し」しても、他人はあまり喜んでくれません。なぜなら、そうしたドライ情報は、誰にでも手に入るものだからです。

そこで、ステップ②では、ステップ①で入手したドライ情報をベースとして、そこに付加価値を付けていく作業が中心となってきます。

あなたによって付加価値の付けられた情報は、「あなたからしか入手できないウエット

情報」なのです。ベースとなっているドライ情報も、付加価値を付けるというプロセスを経ることで、ウエット情報に変換され、その価値が高まります。

一番簡単なやり方は、ドライ情報の内容を読みやすくまとめたり、翻訳したり、他のドライ情報と比較検討をするなど、ちょっとした手を加えるという方法です。

とは言え、簡単な方法が、大きな付加価値につながることはまずありません。**ドライ情報を「貴重なウエット情報」に変えるために最も有効なアクションとは、ドライ情報をベースとしたインタビュー**です。そうしたインタビューの結果を価値の高いものとするために、インタビューのノウハウをまとめてみます。

1 インタビューで聞くべきこと

インタビューの目的は、相手から貴重な情報を聞き出すことです。

しかし、これまでに見たとおり、貴重な情報というのは、ただ「教えてくれ」と頼むばかりでは入手できるものではありません。「最近、何か面白いことはありませんか?」という質問から、貴重な情報が出てくる可能性はほぼゼロです。

そこで(嫌な言い方になってしまいますが)、**インタビューをする人に求められるのは、「相手の口を滑らせるスキル」**です。

誰でも人に「聞いてもらいたいこと」が、心のどこかにあります。本来、そうした気持ちは上司や同僚、家族に向かうべきなのです。

ところが、人間のコミュニケーションとは悲しいもので、多くの人には自分の話をとことんまで聞いてくれる人がいないというのが現実です。人間はあまり他人の話を真剣に聞かないからこそ、そこには多くの宝が埋まっているとも言えます。

人は潜在的に「自分の話を誰かに聞いてもらいたい」と考えているのですから、そこをうまく刺激してやれば、人は自ら喜んで「口を滑らせる」のです。

このような方法でインタビューを受ける相手から聞き出せるのは、その相手が普段から悶々と考えているような、**「相手にとって重要な問題や気付き」**です。これが、貴重なウエット情報になります。

優れたインタビュアが決して忘れないのは、インタビューを受ける相手の問題意識がどこにあるのかを把握するために行う、詳細な事前準備です。ステップ①で集められたドライ情報は、このインタビューの事前準備のためにこそ、最も有効活用されるべきものです。

インタビューを予定している相手が過去に論文を書いていたり、業界誌に記事が載っていたり、ブログを公開していたりして、相手の問題意識の所在がステップ①で集めたドライ情報から簡単にわかることもあります。

仮にそうした、個人に関するドライ情報がない場合は、相手がプロとして活動している業界で話題になっている問題を複数準備しておくことが有効になるでしょう。

2 インタビューを行うべき相手

貴重な情報はどこに埋もれているかわからないのですから、インタビューは、社内外に広く行わなくてはなりません。とは言え、そんなに広くインタビューを行っているだけの時間的な余裕がないのもビジネスの現実です。

そこで**優先させるべきなのは、社内であれば「現場寄りの社員」のインタビュー、社外では「まだ自社の顧客になってくれていない人」へのインタビュー**です。

現場寄りの社員の意見が重要であるという点に関しては、ほとんど疑問はないと思います。ビジネスの最前線にいる人々は、自社にとっては、ほぼ唯一、社外のウエット情報をもたらすことができる人々だからです。

社内において、現場から離れている人が持っているウエット情報というのは、伝達の過程で「劣化」した情報であることがほとんどですので、そこには十分注意してください。

顧客インタビューでは、多くの企業が、いわゆる顧客の中でもオピニオン・リーダーと呼ばれる人々に集中的なインタビューをして、必要以上にマニアックな製品を戦略の中核においてしまい、その結果、失敗してしまうケースが少なくありません。

マニアの意見も大事ですが、マニア向けのニッチ市場ではなくて、より広い市場を狙うのであれば、マニア以外の潜在顧客の意見も聞くべきでしょう。

また、自社の既存顧客へのインタビューは、製品改善のためのフィードバックをもらったり、顧客との関係維持のために非常に重要なものです。しかし、それらはマーケティングや営業の日々の重要な仕事であり、プロジェクト的に走ることが多い戦略の実務にとっては、どうしても優先順位が下がります。

通常は、自社の戦略にとって**最も価値の高いウエット情報をもたらしてくれるのは、「まだ自社の顧客になっていない人たち」の意見**です。これまではどうしても自社の製品を買ってくれなかった人々、場合によってはアンチになっているような人々の意見を無視している限り、自社の成長は望めないからです。

そこから、これまでは自社では知られていなかった製品への不満や誤解を見つけ出し、製品の内容や、製品プロモーションの方法を変えていくといった戦略が生まれることが多くあります。

3　インタビューの基本テクニック選

《自己暗示をかける》

相手の問題意識の所在が明らかになったとしても、正面からいきなりそうした問題の核心についてズバッと質問をしてしまうと、「こいつ、妙に知っているな」と警戒されてしまいます。

インタビューで聞くべきことは、「相手にとって重要な問題や気付き」ですが、それを話させるためには、相手に警戒されてしまってはいけません。

そうした警戒心を取り除くため、インタビューのプロの場合は、**事前に相当な準備をしつつも、インタビュー中は、問題について「よくわかっていないフリ」や「単なるバカのフリ」をすること**が多いようです。

そうすることで、相手の中にある「教えてやろう」という気持ちが刺激されるからばかりではありません。自分に「自分はよくわかっていない」という暗示をかけておくほうが、先入観なしに相手の話を聞くことができるというメリットもあります。

《一対一で行う》

相手の口を滑らせることが目的なのですから、**インタビューは、他の誰にも会話が聞こ**

えないような心を開きやすい場所で、一対一で行うのが基本です。

いわゆる「オフレコ」な感じを台無しにしないように、会話の録音は相手がそれに同意した場合を除いてご法度です。インタビューの結果として、相手から「この話を私から聞いたことは秘密にしてください」と言われれば、インタビューは大成功です。

また、文字として後々まで残るメールで「口を滑らせる」人は少ないので、メールでのインタビューでは、貴重なウエット情報を得るのは困難です。このため、対面でのインタビューが不可能であったとしても、メールよりも電話のほうがインタビューに向いています。

《語尾に注意する》

インタビューのプロの世界には、**「真実は語尾に宿る」**という言葉があるそうです。こちらが準備してきた質問への解答を聞くときは、その解答の語尾に注意して、そこを質問で攻めると、何かが出てくるかもしれません。

たとえば、「そう……なんだけどねえ……」というのは、そうあるべきなのに、実際にはそうではないという意味でしょう。

《「沈黙のワナ」を利用する》

人間は、会話における「沈黙」を嫌がる生き物です。そこで、**わざと会話に沈黙を入れることで、相手にその沈黙を埋めたいというモチベーションを起こさせる**と、相手は言わなくてもよいことまで言ってしまうことがあります。

これは非常に広く知られたテクニックなので、自分が誰かにこの「沈黙のワナ」をしかけられたときには、注意深く回避しましょう。

《外国人にインタビューを任せる》

苦労をして英会話を身につけた日本人の場合は、日本語では決してしゃべらないことを、英語ではペラペラとしゃべることがあります。

英会話ができる日本人は、それを誇りにしているところがあり、英会話の能力を証明したいという気持ちが「何をしゃべってはいけないか」という配慮をなくしてしまうからではないかと思います。

《情報通と競う》

貴重な情報を多く握っている人というのは、自分が「情報通」であることを上司にアピールしているのが普通です。

そこで、情報通とのインタビューには相手の上司に同席してもらい、相手の上司への情報報告のような形で、**情報通と「通ぶり」を競う**ことで、「おれだって、こんなに知っているんだぞ」という具合に、相手から貴重な情報が引き出せることがあります。

ステップ❸ 「Give 5乗」を実践する

自らがウエット情報を作り出すことで、社内外において「非公式なアナリスト」として知られれば、多くの人がウエット情報を求めて、あなたを頼るようになります。

人間というのは、他人に一方的に頼るような状態を嫌うので、**あなたから情報をもらった人は、必ずあなたの持っていないウエット情報をもたらす**ようになります。ここで、あなたの作り出すウエット情報の価値が高ければ高いほど、等価交換の法則から、あなたのところに持ち込まれる情報も、価値の高いものになります。

この段階に至って、最も広く有効に機能するコミュニケーションの方法は、経済評論家の勝間和代氏が提唱する「Give 5乗」という方法です。

すなわち、ウエット情報を出すのにいちいち見返りなどを期待せず、とにかく自分で聞き出してきたり、加工したりした有益な情報を「Give, Give, Give, Give and Give」という具合に関係者に与え続ける、ある意味で逆転の発想です。

貴重な情報の取り扱いに慣れていない人は、すぐに「Give & Take」という形での見返りを相手に期待してしまうものなのですが、これでは、自分が相当貴重な情報を持っていない限り、見返りとして等価に返ってくる情報も、あまりパッとしないものになるのは当然です。しかし、仮に小さなウエット情報であっても、それを「Give 5乗」で他人に与え続けていれば、いつか返ってくるウエット情報も、きっと大きなものになるでしょう。

自社の事業にとって最もクリティカルな情報を持っていたのが、自分が毎日コミュニケーションをしている同僚だったというような経験を何度かすると、人間の営みとは、情報をめぐる政治の力学によって成り立っているということを肌で感じられるようになると思います。

繰り返しますが、「同じ会社で働く仲間なんだから」という理由では、貴重な情報はあなたのところにはやってきてくれません。

まずは、自分自身がウエット情報を多く握り、それを惜しみなく他人に与えることでしか、本当に貴重な情報を得ることはできないということを理解しましょう。

5

情報収集の現実

情報の収集と分析は限られた時間内に、限られた人員と予算で行われます。言い換えれば、限られたリソースでもって実施される情報の収集は、必ず不完全なものになるということです。

クラウゼヴィッツはそんな情報の不完全さを、『戦争論』の中で**「状況の4分の3は霧の中」**と嘆いてみせています。

◇情報はいつだって足りない

インターネット時代には、もはや情報の量は問題ではないと世間ではよく言われますが、ウソです。「必要な情報は見つかるもの」、もしくは「ネットで見つからない情報は存在しない」と広く信じられていることもありますが、これはまったくの誤解です。

たとえば過去に陸上自衛隊において情報幕僚として活躍し、米国デュピュイ戦略研究所東アジア代表を務められた松村劭氏は、著書の中で、ITが発達した現代において、また将来においても、「状況の4分の3は霧の中」という状態は変わらないことを明確に指摘しています。

つまり実際の戦略の立案に当たっては、**信頼に足りる事実をベースにした情報というのは全体の25%程度になり、残りは曖昧な情報などから推測するしかない**ということです。

私の経験では、「自社の現在」の情報ですらその収集が大変なのに、「競合の将来」の情報などは、とても入手できるものではありません。

通常は、入手できる事実をベースとした情報のほとんどが、マクロ経済的な指標と、顧客と自社の現在に関することになります。正直、有力な事実が情報全体の25%も入手できればラッキーというイメージです。

前述のとおり、戦略の立案に必要となるドライ情報とウエット情報は、それぞれ80%と20%ぐらいになるとすれば、これに事実と推測の25%と75%を反映させると、あくまでも目安なのですが、91ページのような図ができます。

ドライ情報とウエット情報を二分する横軸は「情報の水面」と言えます。

水面よりも上の情報は広く一般に公開されている情報であり、競合との情報戦は、当然ですが水面下で行われます。

また、事実と推測を二分する縦軸は、戦略の初期段階ではこの位置にあるものの、戦略が実行され、時間が進むにつれて、不確実だった未来が過去となっていくことで、徐々に右側にシフトしていきます。

この情報をめぐるダイナミックな現実を理解することは、**戦略が実際に走り始めても情報の収集をやめてはいけない**ということを理解することにつながり、特に重要です。

目標が達成され（目的地に到着し）、戦略がその役目を終えるころには、推測情報はほとんどなくなっているでしょう。結果として、後に社内外の研究者がそれをケーススタディーとして利用できるほどの情報が集まることになります。

こうしたケーススタディーは、よく「後付け」だとして批判されます。確かにそうした面もあるのですが、戦略の実務において必要となる情報を知るという意味では、このようなケーススタディーの重要性は揺るぎません。

特に失敗のケーススタディーは貴重で、戦略家はやはり意識してたくさんのケーススタディーを読んでおく必要があるのです。

情報収集の現実

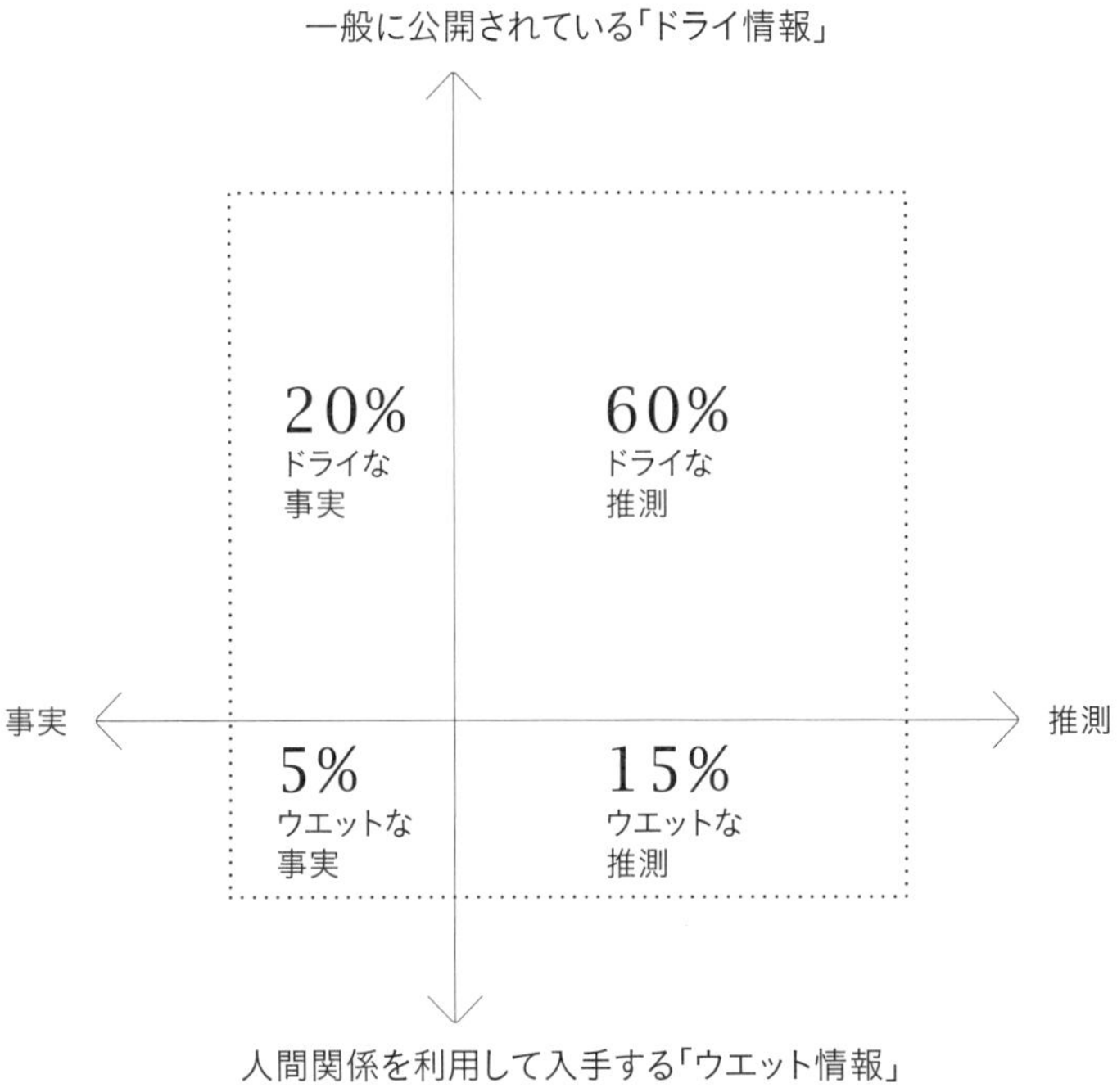

「状況の4分の3は霧の中」

信頼できる「事実」は25%程度。残りは「推測」するしかない。

◇全体のわずか5％の「ウエットな事実」が武器となる

戦略の初期段階に、自社と競合を差別化する武器となるのは、先の図で見た「ウエットな事実」となる全体のわずか５％程度（現実にはそれ以下かもしれません）の情報です。実際に**多くの戦略は、非常に限定されたウエットな事実を軸に立案され、実行されます。**

これは戦略の実務に携わったことのある人であれば、「そうしたものだよね」と納得していただけると思います。しかし、戦略の実務に馴染みのない人にとっては、５％という数字はショッキングなものではないでしょうか。

偉大なビジネスが、本格的な事前の情報収集なしに生まれることがあります。そうした例をもって、「戦略になど意味がない、とにかく手を動かせ」とする意見もあります。しかしこうしたケースは、５％のウエットな事実が、情報収集の序盤で見つかったラッキーなケースだと解釈することができます。

ビジネスにとって本当に重大な5％のウエットな事実が先に見つかれば、残りの95％に相当する二流の情報を集めている時間がもったいないというのは、戦略家にとって自然なロジックです。この場合は「手早く戦略をまとめ、実行に移りつつ、残りの情報を集める」という決断が最も合理的な決断となり得ます。

繰り返しますが、普通は、戦略を立案する段階においては、欲しい情報が見つからないことのほうが圧倒的に多く、ウエットな事実を見つけるのには時間もかかります。

このため、多くの情報はわずかな手がかりから推定されることになるのですが、このときに、どの情報が事実であり、どの情報が推定であるのかを慎重に仕分ける必要があります。

人間にとって、なんらかの決断が必要なのは、集まる情報というのは常に不完全なものだからです。**わからないことがあるのに、行動しなければならないからこそ、行動には常に決断が求められるのだという視点は重要**です。

6 情報分析の基本的フレームワーク

単純なチャートやグラフを含め、ビジネス情報を分析するためのフレームワークに関する記述は、既存の戦略に関する専門書が多くのページを割いている部分です。しかし、それらを本書で網羅的に紹介していくことは、本書の目的とするところではありません。

とは言え、そうしたフレームワークの中でも特に、必ず理解しておかなければならないものをここで3つだけ取り上げておきます。この3つだけでも、正しく使いこなせれば相当に強力です。

まず、戦略立案のための分析は、組織の外部環境の分析と、組織の内部環境の分析に分かれます。収益は、常に組織の外からやってきます。ですから、まず分析すべきなのは、自分たちが参入していたり、参入を検討している業界です。

組織の外部で起こっていることを正確に把握した上で、自分たちの組織のポジショニングを決定し、その上で、取りたいと思っているポジショニングに合わせて、組織の内部環境を変化させます。

（1）「ファイブフォース分析」で外部環境を分析する
（2）「ブルーオーシャン戦略」をポジショニングの決定の際に参照する
（3）「バリューチェーン分析」で、戦略を実行するための内部環境を整える

これがフレームワーク活用の一連の流れです。

◇「ファイブフォース分析」で外部環境を分析する

特定業界における外部環境として分析すべき項目は、基本的にはすべて、自社にとっての「脅威」です。ハーバード・ビジネススクールのマイケル・ポーターが示した「ファイブフォース」というモデルが、この脅威を明らかにしてくれます。

97ページの図の中心に自社があると思ってください。そこでは、直接競合する会社との戦い（脅威1）がくり広げられているでしょう。しかし、自社にとって脅威となるのは、こうした直接の競合だけではありません。

成長する業界には、新たに参入してくる新規参入業者（脅威2）がいるでしょう。また、現在デジタルカメラが、スマートフォンの写真アプリに代替されつつあるように、代替品が業界そのものを塗り替えてしまう可能性もあります（脅威3）。

さらに、商品を製造するための原材料を売る供給業者が原材料の価格を引き上げたりすること（脅威4）もあります（同じように、商品を流通させるためのプラットフォーム業者が、プラットフォームの使用料を高めてくる可能性もあります）。

そして最後に、商品を購入する顧客がなんらかの理由から交渉力を高め、商品の価格を値切ってくること（脅威5）もあり得ます。

これらの5つの脅威を分析することを、特に、ファイブフォース分析と言います。この5つの脅威の深刻さを測定することで、特定の業界内における外部環境を理解することができるというわけです。

脅威❶　直接競合する業者間の争い

まず、業界内における競合の数が多いか少ないかによって、競争の度合いは変わってきます。競合の数が多ければ、顧客を奪い合う競争が激化するのは明らかでしょう。また、業界の成長が鈍化しているときも、限られた顧客の奪い合いが激化します。

ファイブフォース分析
「5つの脅威」を分析する

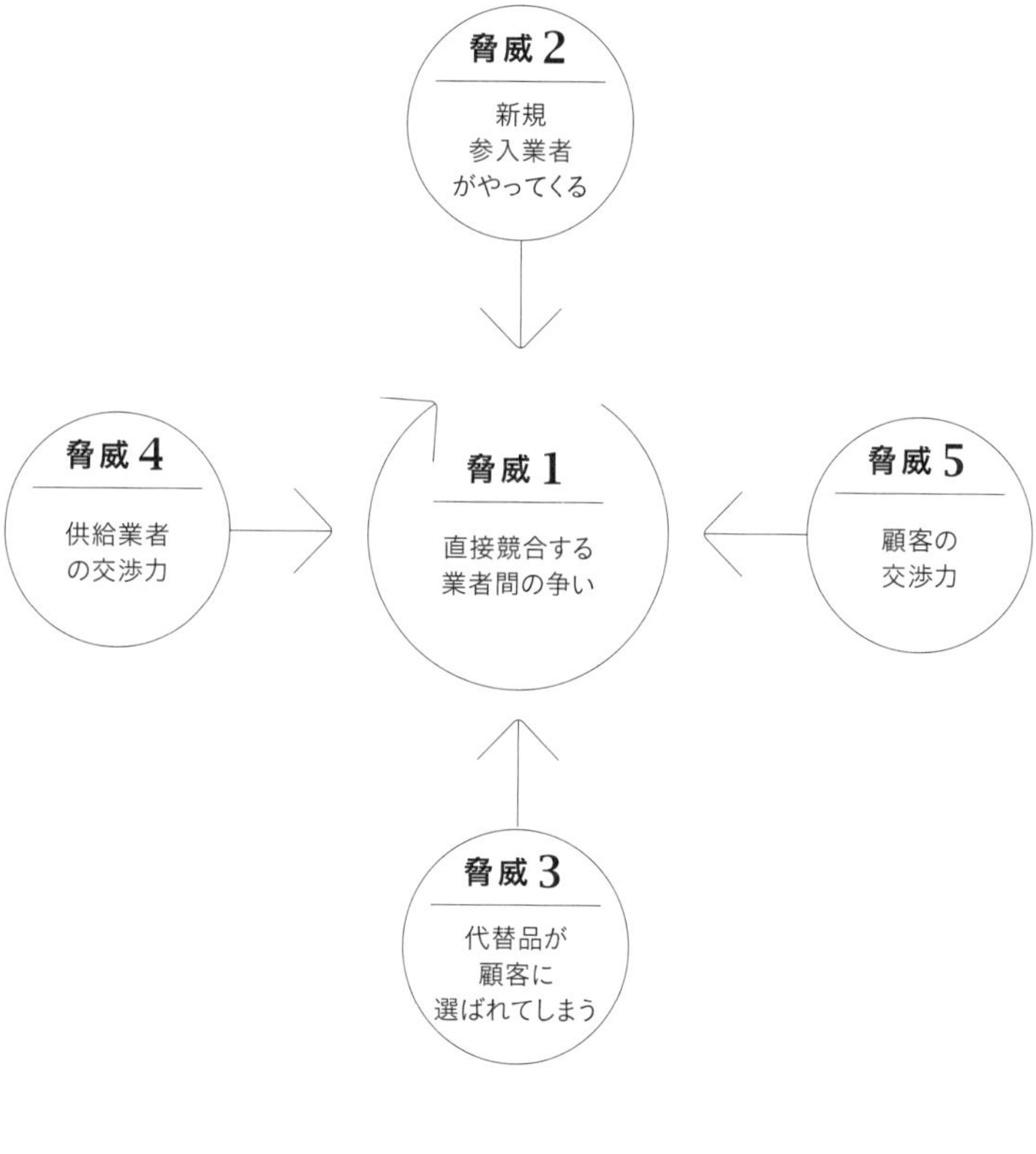

このあたりは、出版業界を考えると理解しやすいかもしれません。出版業界には多くの出版社がひしめき合っているのと同時に、業界全体の成長も今後は見込めません。

今後は、全体数の増えることがない読者（顧客）をめぐって、書籍の価格を極端に下げてくる出版社などが出現し、出版社はさらに厳しい戦いを強いられるはずです。

脅威❷　新規参入業者がやってくる

スマートフォンのアプリのように、数名のプログラマーと数台のパソコンがあれば、簡単に参入できる業界もあります。特に、特定の業界において新規参入の難しさを示す言葉を「参入障壁」と言います。

スマートフォンのアプリの例でも理解できるとおり、参入障壁を決めるのは、その業界に参入するためにかかるコストの大小です。商品の開発・製造に巨額の設備投資や人材投資が必要だったり、商品を販売するためのチャネル構築に多大な広告宣伝費や人件費がかかったりということが、参入障壁を決めています。

実はコンサルティング業界も、実際に必要となるのは、知的体力に優れた人材だけです。このため、コンサルティング業界の新規参入業者はあまたあります。競争が激しいので、特定分野に特化する集中戦略や、他社よりも安い価格を示す低コスト戦略が取られることが多い業界です。

脅威❸　代替品が顧客に選ばれてしまう可能性

先に、「フェラーリを買おうかな」と考える顧客が、フェラーリと比較して購入を迷うのは自動車ではなく、小型飛行機やヨット、2軒目の家や絵画、宝石などであることを述べました（68ページ）。これは、フェラーリにとって、小型飛行機やヨットのような商品が、顧客から見た代替品になっていることを示しています。

ビジネスホテルの代替品は、ネットカフェやカラオケボックスでしょう。ゲームの代替品は、映画やテレビ番組でしょう。近年、レストランの代替品としての「家飲み（誰かの自宅に集まってパーティーを楽しむこと）」にも注目が集まっています。

この世界に存在する商品とは、そもそも、顧客の忙しさを緩和する「時間節約型商品」と、顧客が自由に使える時間を消費してもらう「時間消費型商品」の2種類しかありません。このうち、特に「時間消費型商品」というのは、そのすべてがお互いに代替品となっていることは注目に値します。

脅威❹　供給業者の交渉力

自社の商品を生み出すために、どうしても必要な原材料の供給業者や、どうしても必要な販売チャネルのオーナーが、なんらかの理由から、自社に対する交渉力を高めてくる可能性があります。

要するに、供給業者にとって、自社の存在感が薄れる環境にあるとき、この脅威が高まるというわけです。

フランチャイズのコンビニやレストランなどがよい例です。一旦フランチャイズ契約をして自分のコンビニやレストランを始めた場合、後になって、別のコンビニやレストランに契約を「衣替え」することは難しくなります。

フランチャイズの本店は、そのことをよく理解しているため、フランチャイズ契約が締結されるまでと、締結された後で、その態度が変わることが普通です。

こうした自社に不利な状況を避けるためには、仕入れ先となる供給業者を複数にしたり、仕入れる商品をできるだけ標準的な既製品にしたりすることが考えられます。

脅威❺　顧客の交渉力

顧客の数が減ってしまったり、顧客が簡単に他の商品に乗り換えることができたりすると、顧客の交渉力は高まるでしょう。結果として、厳しい値引き交渉や、厳しい支払い条件をのまされたりすることになります。

さらに、顧客があまり儲かっていなかったり、お金を持っていない場合も、「無い袖は振れない」顧客の交渉力が高まります。

忘れてはならないのが、インターネットの登場によって、顧客は十分な情報を持ち始めているという点です。

これまでは、自社と同様の商品を提供する会社を見つけることができなかった顧客も、今やインターネット検索一つで、競合の商品にたどり着くことができます。

価格だけでなく、納期や品質に関する情報も、今やインターネットによって入手可能なので、顧客の交渉力は、世界中で高まっていると言えるでしょう。

◇「ブルーオーシャン戦略」でポジショニングを考える

ファイブフォース分析によって、業界の脅威を理解し、顕在化している脅威を避けるために考えなければならないのが、ブルーオーシャン（青い海）戦略です。

ブルーオーシャン戦略とは、血で血を洗うような競争の世界をレッドオーシャン（赤い海）と呼び、そうした競争から抜け出るような商品設計を行う方法のことです。

この戦略は『ブルー・オーシャン戦略』（W・チャン・キム、レネ・モボルニュ著、ランダムハウス講談社）によって世界的に有名になったもので、狙いは「ライバル企業を打ち負かそうとするのではなく、むしろ、買い手や自社にとっての価値を大幅に高め、競争のない未知の市場空間を開拓することによって、競争を無意味にする」ことでした。

具体的には、一般的な競合の商品に見られる特徴と比較して――

（1）なんらかの機能を取り除き

（2）なんらかの機能を極端に下げ

（3）なんらかの機能を極端に増やし

（4）新たな機能を付け加える

――というアクションによって商品設計を行います。

ブルーオーシャン戦略の見本のような商品が、「1000曲の音楽をポケットに入れて持ち運ぶ」というプロモーションを行った初代iPod（2001年登場）です。

この初代iPodと、当時の一般的な携帯型音楽プレーヤーを比較してみると、104

ページの図のようなイメージになります（あくまでもイメージで正確な分析ではないので注意してください）。

この図は、「戦略キャンバス」と呼ばれる、業界における競合の商品と自社の商品を比較するためのモデルです。それぞれ商品の特徴を示す折れ線は「価値曲線」と呼ばれます。

まず、初代iPodは、カセットテープと同じ大きさにこだわって、当時の携帯型音楽プレーヤーのメーカーが競っていた「小型性」という機能を事実上取り除きました。ウォークマンを意識したのでしょう。

次に「耐久性」「連続再生時間」「価格優位性」といった、当時の携帯型音楽プレーヤーのメーカーにとっては常識とも言えた基準において、初代iPodはあえて低い基準を設定しました。

その上で、自宅のCDすべてを取り込めるレベルの「圧倒的曲数」と、そうした膨大な曲を瞬時に探せる「検索性」といった新しい機能を付け加えたのです。

ブルーオーシャン戦略が取れている商品というのは、顧客から見たときに、105ページの図のように、とても目立って見えます。

iPodの戦略キャンバス

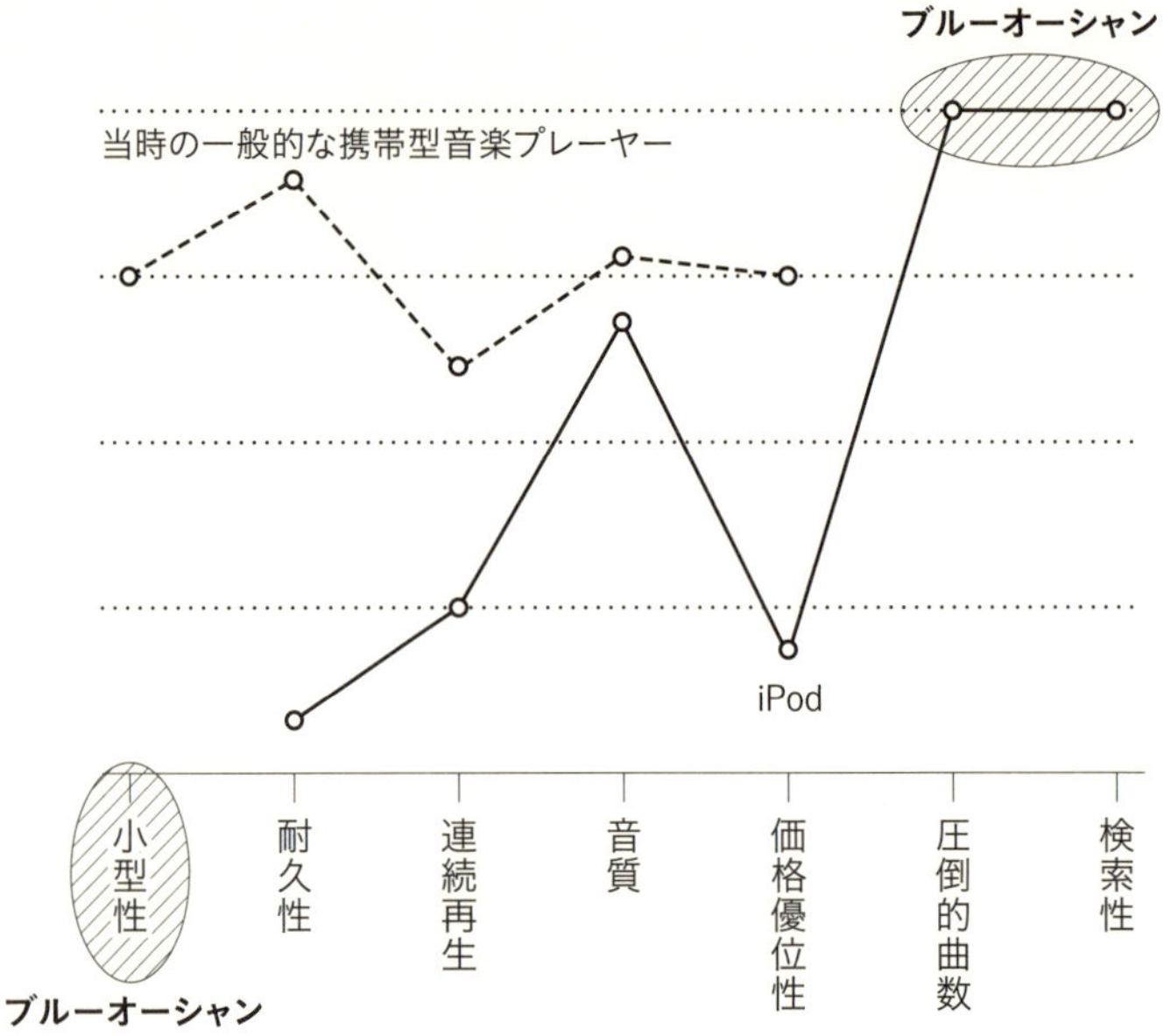

ブルーオーシャンとは……

競争のない未知の市場空間。競合との競争が無意味になる。

一番目立つのは?

ここで重要なのは、集団を構成する人々は、イケメンやキレイ系のお姉さんであるということです。集団が競っているスペックでは、右端にいる目立つ人物は負けていたとしても、それは目立つための問題にはならないということです。

ブルーオーシャン戦略に成功すれば、自社が仮に経営リソースに乏しい弱者であったとしても、業界において十分に認められる地位が得られます。

それがブランドにつながり、初代ｉＰｏｄを生み出したアップル社のように、顧客からの信頼を得て、飛躍的に業績を高めることにつながるという算段です。

◇「バリューチェーン分析」で内部環境を整える

先のブルーオーシャン戦略によって生み出す価値が決まったら、そうした価値を生み出す組織を作り上げなければなりません。ここではじめて、組織のあり方を変えていくための内部分析が必要になってきます。

このとき、自社の価値創造のプロセスを明らかにするための分析手法として「バリューチェーン分析」を活用すると便利です。

企業は、顧客に価値を届ける一連の活動の集合体として存在しています。この一連の流れのことを、価値の連鎖という意味で「バリューチェーン」といいます。

これもまた、先のファイブフォースと合わせてマイケル・ポーターによって提唱された概念です。ポーターは、企業活動の上流から下流までを、107ページの図のように、非常にシンプルにまとめています。

「主活動」と呼ばれる部分は、日本ではライン部門と呼ばれるような部署の行っている仕事です。商品の価値創造に直接関わるところです。

バリューチェーン分析
自社の価値創造のプロセスを明らかにする

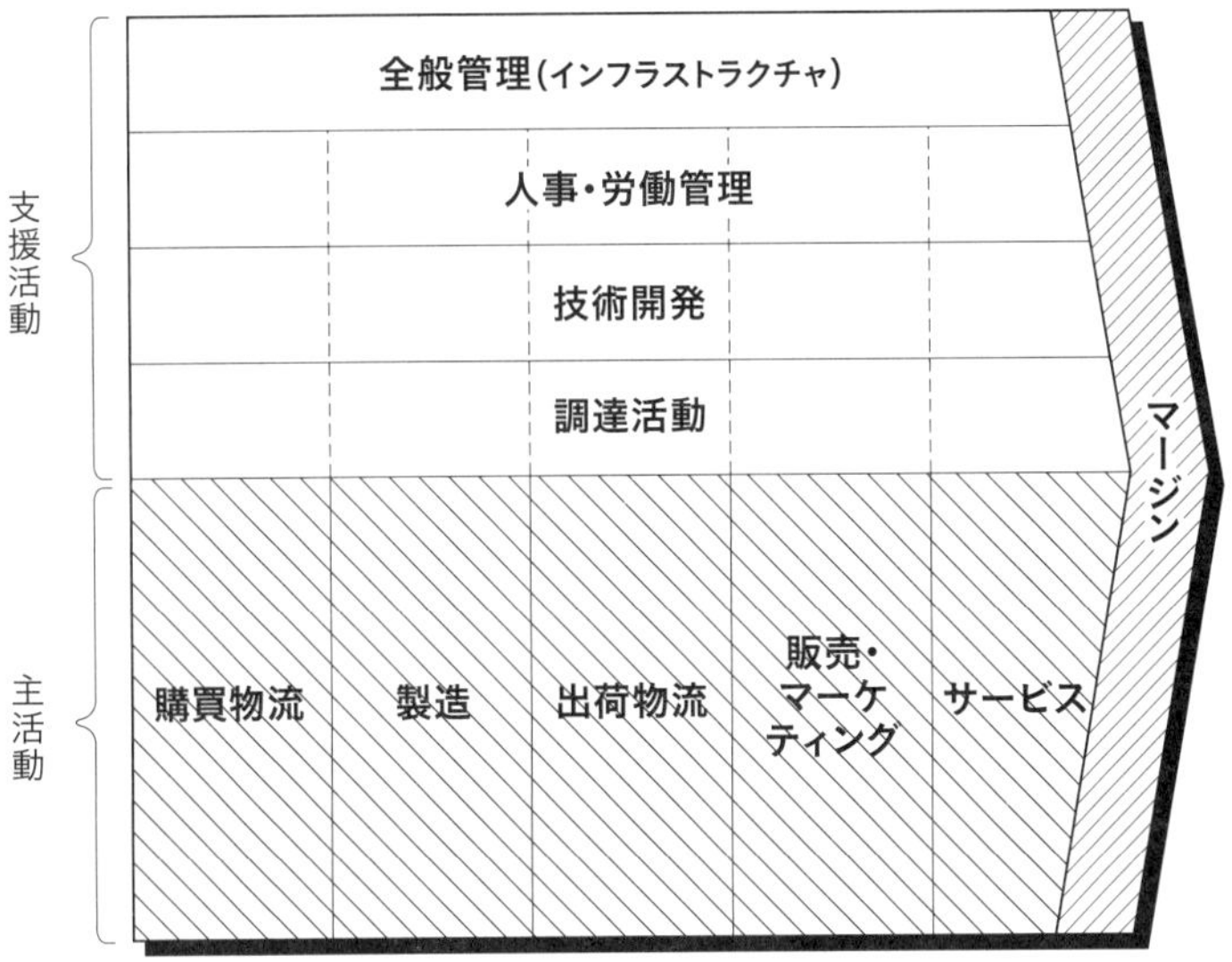

- 強化すれば差別化につながる活動は?
- コスト削減、利益改善につながる活動は?
- バリューチェーンをもっと有利なものにするには?

これに対して「支援活動」と呼ばれる部分は、日本ではスタッフ部門と呼ばれるような部署の行っている仕事です。「主活動」を「組織内顧客」として、その円滑な運用を助けるために存在しています。

このバリューチェーンは、9つの活動によってできています。9つの活動の、それぞれの活動のレベルを測定・監視・管理していくことで、顧客に提供する価値を継続的に高めていくという発想です。

107ページの図のバリューチェーンは、製造業を想定して描かれている基本形です。ですから、実際に読者の所属する組織活動に応用するときは、自社のバリューチェーンがどのような形をしているかを整理するところから始めなければならないので注意してください。

一度、自社のバリューチェーンを明らかにしたら――

（1）強化すれば差別化につながる活動

（2）全体へのコストインパクトが大きく、改善すれば大きな利益改善につながる活動

の2つに注目します。これによって、差別化戦略と低コスト戦略を実現することが可能になるからです。また――

(3) 現在のバリューチェーン自体を、より有利なものに構築しなおす

という視点も重要です。たとえば、アウトソース先を探して、販売やサービスを、より低コスト・高品質に実現したりすることです。

ただし、アウトソースをするということは、ファイブフォース分析でいうところの供給業者（脅威4）を増やすということでもあります。単純に、短期的な低コストを実現するためだけにこうしたアウトソースを進めると、後で大変なことにもなりかねません。

7 情報分析に求められる基本的な態度

ここまで戦略の立案に先立って考えるべき情報の収集と基本的な分析のフレームワークについて見てきました。本章の最後に、情報分析に求められる基本的な態度について考えておきたいと思います。

基本❶ 情報の「異常値」に注目する

異常値を知るには、普段から正常なものに多く触れる必要があります。大変ですが、普段から意識して、自分の業界や仕事に関する「標準的な値」を記憶しておくべきです。

このためには、普段からチャートやグラフなどを利用するときには、必ず**「時間の概念」を頭に入れて、物事の推移を観察するクセをつける**とよいと思います。

ダイナミックな現実に対して、分析は常にある時点でのスタティック（静的）な観察にすぎません。ですから分析結果には「分析をした日時」を入れるクセをつけてください。

戦略の実務の現場では、オフィスの壁という壁を、日付の入ったチャートやグラフで埋めるものです。パソコンのディスプレーの枠を超えてデータを可視化することで、見えないものが見えてくることが多くあるからです。

基本❷ ドライ情報とウエット情報の「食い違い」に注目する

ドライ情報とウエット情報の内容に食い違いが見つかることがあります。このとき、**ドライ情報のほうが間違っていれば、それは競合が知らない貴重な情報**です。これは、自分たちにとって大きなチャンスになります。

逆に、**ウエット情報のほうが間違っていて、その情報源が社内にある場合は、自社の危機**になります。すみやかに正しい情報を共有することで、この危機は回避できますが、そのときは、情報源のメンツをつぶしてしまわないように気を付けましょう。

また、その社内のウエット情報がなぜ間違ったのかという視点を持ち、将来のために、情報の信頼性をシステマティックに高める努力をします。

基本❸ 情報の「信頼性」を常に疑う

一般的に信頼性が高いとされている新聞や業界誌などのドライ情報でも、間違っていることがよくあります。しかしそれ以上にウエット情報というのは、うわさのような「ガセネタ」がたくさん混じっているというのが常です。

たとえそれが信頼性の高い情報源から得られたものであっても、唯一の情報源を信頼するのは危険なことだと認識し、特に**重大な決断に際しては、複数の情報源に当たることで「裏を取る」**必要があります。

分析結果を経営者に伝えるようなときは、ベースとなっている情報の信頼性についても併せて報告する必要があります。

――基本❹ 人間を「観察」する――

顧客や自社の従業員などの「生の声」を集めることは、避けて通れない重要な作業です。しかし同時に、真のイノベーションというのは、そうした生の声からはあまり出てこないという事実も知っておく必要があります。

現在の自動車社会の父とも言えるフォード自動車の創業者であるヘンリー・フォードは、自動車を作るきっかけに関するインタビューに対し、次のような言葉を残しています。

もし私が顧客に何が欲しいのかを聞いていたら、

顧客は「もっと速い馬が欲しい」と答えたことだろう。

フォードは、顧客は「速い馬」ではなくて、よりパーソナルで高速な移動手段を求めていることに「顧客の声を聞かずに」気が付いたということです。

確かに、需要が供給を完全に上回っていた高度成長期であれば、実際に顧客にインタビューをして、意見を製品に反映させればそれで成功していたのかもしれません。しかし、現代のようにモノがあふれている時代には、顧客自身にも自分の求めているものが何だかよくわからないのです。そもそも、自分探しが必要だと考えている現代の人々に、欲しいものを詳細に聞いてまわるなんて、少しナンセンスだと思いませんか？

たとえば、スーパーマーケットで買い物をする顧客は、多くの商品を「衝動買い」することが知られています。ある特定の商品を買うためにスーパーマーケットに行ったのに、全然関係ないものまで買ってしまった経験は誰にでもあるはずです。

スーパーマーケットの経営者は、顧客が欲しがるモノを顧客に直接聞くだけでは「足りない」ということを、こうした事例からよく理解しています。現実として、現代の先進的なスーパーマーケットでは、顧客の衝動買いパターンを知るために監視カメラを使っています。監視カメラは、もはや犯罪防止のためだけに設置されてはいないのです。**顧客自身がまだ気が付いていない欲求を、顧客を注意深く観察することで見つけ出すことが、優れた分析が目指すべきところ**でもあります。

基本❺「ハインリッヒの法則」に注意する

人間社会では、基本的にポジティブであることが求められ、そのように教育されます。ビジネスにおける予算や計画は悲観的な視点から立てられますが、それは将来、失敗や遅れを生みたくないというポジティブな結果を求めるための必要悪です。

「ポジティブでなくてはならない」という強制は、多くのビジネスパーソンを「ネガティブなものは見たくない」という気持ちにさせてしまいます。このため、人間の集団においては、**どうしても悪い情報が伝わる速度というのは、良い情報に比べて遅くなる**ものです。

しかし、ネガティブなことというのは、放っておくと成長します。そのような悪い情報への対処が遅れると、重大な事故やトラブルにつながってしまうことが多く、なんとしても悪い情報こそすばやく入手する必要があるのです。

さらにビジネスの文脈であれば、悪い部分を直すことで業績を改善することが可能なのですから、ある意味で、もともと手に入りにくい悪い情報というのは、それだけで貴重なウエット情報の源（宝の山）とも言えるわけです。

良い情報というのは、話半分程度で割り引いて考える必要があるのですが、悪い情報については、逆に、**「ハインリッヒの法則」**と呼ばれる推定を適用して、そのベースになっている原因の深刻さを大きめに予測する必要があります。

「ハインリッヒの法則」とは、アメリカの損害保険会社の調査部で働いていたハインリッヒが重大事故に関する統計から導き出したものです。

1件の「重大事故」の発生の背後には、29件の「かすり傷程度の軽い事故」があり、さらにその背後には、300件の「ケガはないがひやりとした体験」が認められるというものです（ここから**「1：29：300の法則」**とも呼ばれます）。

言い換えれば、1件の「重大なトラブル」の背後には、29件の「軽いクレーム」があり、さらにその背後には、300件の「認識された小さな失敗」があるということです。

それが単純なミスにすぎないのか、それとも巨大な問題に発展する可能性のある構造的なものなのかを把握することは、とても重要なことです。メディアに取り上げられるような大きなトラブルが、「ある日突然降ってわいた」などということはあり得ません。

そうした大きなトラブルが「いつでも起こり得る」ことを知っている人は、社内に必ずいるはずです。その人にどれだけ早くアクセスし「口を滑らせる」ことができるかが、戦略家の質を分ける重大なポイントなのは明らかでしょう。

基本❻「タイミング」を最優先させる

よい分析は、それに続く決断のためにこそ求められるのですから、決断にとって常にタイミングが重要である以上、分析の創出もタイミングが命となります。

それなのに、より多くの情報を集めることにばかり集中してしまって、分析のための時間を犠牲にしてしまうことがよく起こります。これは特に**「情報収集のワナ」**とも呼ばれ、気を付けて避けねばならないこととされています。

人間の心理として、情報の収集のほうが、情報の分析よりも通常は楽しく感じられるというのは、知っておいてよいでしょう。

戦略家は、こうした情報収集の楽しさに負けてはなりません。とにかく情報を完全に収集することは不可能であるとして、ウエットな事実がある程度集まれば、情報収集はスパッと止めて、分析に移らなければなりません。

情報収集と情報分析の理想的な時間の配分にはこれという目安はないのですが、私は「収集6に対して、分析が4」ぐらいが普通という印象を持っています。

基本❼ 「定性的な情報」の存在を忘れない

数字で表現できる定量的な情報のほうが分析が容易です。このため、分析者はついつい「エクセルでグラフ化できるか否か」といった基準でもって、使う情報と、使わずに放っておく情報を取捨選択することがあります。

しかし、言うまでもなく「使い勝手が悪い」「なんだかわかりにくい」「デザインが気に入っている」といった定性的な情報も、まな板に乗せ、分析の対象とする必要があります。

最近では、顧客からのクレームこそが宝の山であると気が付いている企業が、それをデータベース化しているようですが、データベースを充実させることに満足してはなりません。**定性的な情報の背後にひそむ「何か」を引き出すのに必要な力は、数学的な力ではなく、むしろ国語力です。**

本章のポイント

適切な情報収集と分析をするには？

情報の収集と分析により、未来をできる限り正確に予測し「未来の不確実性」を下げることで、戦略立案はより容易になる。

未来をより正確に予測するには——①なるべく近い未来を予測する、②未来を自らの手で作り出す、③現状を正しく分析する——の3つの方法がある。

未来をできる限り正確に把握する力（＝情報力）とは、「情報の収集力」と「情報の分析力」の掛け算で決まる。

競合との勝負を有利に進めるためには、競合との間に「情報力の格差」を生み出すことが重要である。

自社が独占的に事業展開できる「スイート・スポット」が明らかになれば、その活用・維持・拡大を図ることが戦略の議論の中心となる。

最も優先順位の高い情報とは「顧客情報」である。競合と競うべきは「顧客の理解度」であり、むやみに競合情報を集める必要はない。

貴重な情報とは商品である。①ドライ情報の収集、②インタビュー、③「Give5乗」の実践――により貴重なウエット情報の入手可能性は高まる。

情報収集とは常に不完全なものである。多くの戦略とは、全体の5％程度のウエットな事実を軸に立案・実行されている。

ビジネス上の戦略には、①ファイブフォース分析、②ブルーオーシャン戦略、③バリューチェーン分析の3つのフレームワークを分析の基本ツールとするとよい。

情報収集の7つの基本を押さえる。
①異常値に注目する、②情報の食い違いに注目する、
③信頼性を疑う、④人間を観察する、⑤「ハインリッヒの法則」に注意する、
⑥タイミングを優先させる、⑦定性的な情報を忘れない

第3章

目的地を決定する
——目標設定の方法

詳しそうだったり、大事そうだったりする地図よりも、
遠くの灯のほうが、人を力づけられるように、僕は思う。
——糸井重里

戦略の実務を効果的に進めるためには、到達すべき目標（目的地）を設定することが必要です。

ときにビジネスの現場では、目標がないままに押し進めるプロジェクトが「戦略」と呼ばれることがありますが、それは戦略ではなくて「改善」です。

トヨタの例をみるまでもなく、現場における「継続的な改善」が重要なことは間違いありません。しかし、だからといって改善が戦略であるということにはならないのです。

1 目標は何のためにあるのか？

目標とは、人々の気持ちを一つにして、チーム全体のモチベーションを高めるためにあるのであって、人々が目標のために存在するわけではありません。従業員を私物のようにして扱う経営者は、この点を誤解しています。

もちろん、目標は株主などの社外の関係者とかわす「約束」でもありますから、それをないがしろにすることはできません。目標を達成し続けないと、そもそも、ビジネスにとって最も重要な「信頼」を得ることはできません。

とは言え、無理な目標、簡単すぎる目標によって、従業員のモチベーションを下げてしまえば、本来の実力すら発揮できないことにもなってしまいます。

そうしたわけで、**優れた目標というのは、まず第一に、そこにいる人々のモチベーションを有効に高めるもの**であるべきでしょう。

実務においては、一度目標が定まったとしても、その後、戦略の立案の段階でよいアイデアが出て、より高い目標でも到達できるという話になり、目標が上方修正されることも頻繁にあります。

しかし、こうした**よいアイデアが生まれるのも、「先に優れた目標があって、それを絶対に達成したいというモチベーションがあればこそ」**であって、放っておいたらアイデアが出てきたというわけではないという点には注意が必要です。

逆に、急に景気が悪化するなど、自分たちの力ではどうしようもないイベントによって、どうしても目標を下方修正する必要が出てくることもあります。

だからといって、簡単に目標の下方修正を許していては、「目標」という言葉に重みがなくなってしまいます。そのため、目標の下方修正は、上方修正以上に注意が必要です。

修正するよりもむしろ、市況の変化も含めて失敗は失敗としたほうがよいこともあるでしょう。

2 目標設定の怖さを理解する

目標を立てたからには、いずれは成功と失敗がはっきりします。つまり、**目標を立てて、それを内外に示すということは、わざわざ失敗するかもしれないリスクを引き受けるということ**でもあります。

誰にだって失敗の苦い経験があるもので、「あんな思いはもうしたくない」という気持ちが心のどこかにあるものです。

「失敗を許容し、チャレンジを褒めたたえる文化を形成すべきだ」というのはそのとおりですが、それは人間の現実を無視した理想論というものでしょう。

◇人は結果論で批判する

ソニーはミニディスク（ＭＤ）の世界展開に失敗しました。アップルのｉＰｏｄに匹敵する商品を作れなかったことで、ソニーは至るところで非難されています。

では、MDという、以前には存在しなかった製品の開発と販売を「立派なチャレンジだった」と誰が褒めたたえているでしょうか。

世間は、アップル・ニュートンと呼ばれた個人用携帯情報端末（PDA）の失敗は過去のこととして目をつぶり、iPodの成功をもってして、アップルを驚異的な優良企業であるかのように、ソニーと対比させて褒めちぎります。

ソニーを結果論で批判する人々は、「それみたことか」と、あたかも自分がその失敗をずっと以前から予言していたかのようです。酷いものになると、「ソニーは創業者の精神を失った」と、精神論をからめて批判したりもします。

しかし、**明確な目標を立てての失敗を、結果論で非難するのは卑怯**なことです。そもそも、そうした文化が形成されてしまっていることが、日本の弱点と言ってしまってよいのではないでしょうか。

実は、デロイト・コンサルティング、リサーチ・フェローのマイケル・レイナー氏のように、アップルの戦略は「ソニーと同程度に優れている」という観察をする人もいますが、そうした人は、日本では少数派だと言えるでしょう。

日本が世界に誇るソニーという会社は、今も昔も優れた企業であって、他の企業と同じように、解決すべき問題も多数抱えているというだけの話なのです。

そして、その中で最も大きな問題は、企業文化としても、失敗が許されなくなってしまったことなのかもしれません。これはとても深刻なことで、現在、ソニーの復活に関わる人々を応援せずにはいられません。

◇失敗は、成功のための必要経費

人間は、他人の失敗は喜々として語り、他人の成功には嫉妬する生き物です。特に地位の高い人の失敗は、多くの人が潜在的に望んでいることでもあります。

面倒な話ですが、少なからぬ人々が、戦略を持って生きるということに失敗しているのが現実です。そうした人々は、戦略を持って生きる人を、まるで「観客」のように傍観するだけの存在です。

本当に恐れるべきなのは、自分の人生がつまらないもので終わることであり、他人の人生がどうなるかを気にすることではないはずなのですが……。

こうした人間の社会で失敗をさらすのは、誰にとっても恐ろしいことです。だからこそ、人々は明確で高い目標を立てることを怖がるのです。

残念ながら、戦略とは、不確実な未来の予測のもとで立てられるものなのですから、いかにそれが優れたものであっても、失敗する可能性が常にあります。

ハイリスク、ハイリターンというように、特に大きな成功を狙って極端な戦略を立てれば、その分、失敗したときのダメージも大きなものになるのです。

アップルやソニーが、過去にこれだけ膨大な量の成功と失敗を繰り返したのも、両社が、明確で高い目標を設定し、それを達成するための戦略を立案し、勇気をもってそれを実行することのできる優れた企業だったからです。

高い目標をベースとした戦略のないところに、飛躍はあり得ません。そして、そうした高い目標を描くものにとっては、**失敗とは成功を生み出すための、高額な「必要経費」**なのです。

3 戦略立案を刺激する優れた目標・5つの条件

目標を設定するのは、人々のモチベーションを有効に高めるためでした。ここでは、そんな目標を立てるときに注意すべき具体的なポイントについて考えてみます。

条件❶ リーダーが設定した目標であること

高い目標を掲げるという行為には、「失敗を覚悟する勇気」と「絶対に戦略を成功させてやるという気概」が必要です。この2つを同時に併せ持つ人というのは、まさしく「リーダーの定義」を体現する人物と言ってもよいでしょう。

組織の戦略立案においては、目標の設定は、やはりリーダーが行うべきことです。実際に、**目標が曖昧な改善案ばかりで、どこにも高い目標がない組織は「リーダーシップのない組織」**と言われます。そんな組織でも偶然成功することがあるかもしれませんが、そうした偶然の成功は、戦略が狙うところではありません。

リーダーというのは地位や経験を指していう言葉ではなく、ある役割を示す言葉です。自らリーダーであることを決める人というのは、ある意味で「危険な生き方」を選択するということです。逆に言うなら、その覚悟さえあれば、誰でもリーダーになり得ます。

条件❷　3年程度の期間で到達したい目標であること

変化の早い現代社会では、いちいちすべての物事について戦略を立ててから実行していてはスピードが損なわれてしまいます。1年程度の短い期間でクローズできるプロジェクトであれば、現場の判断で、どんどん進めていくべきです。

逆に5年、10年というずっと先のことになると、わからないことが多すぎて（未来の不確実性が高すぎて）、目標を立てても、そこに至る戦略立案の難易度があまりに高くなります。よく、「5年前の自分には、今の自分の姿を想像できていなかった」などと言いますが、では、どうして5年後の自分がわかるというのでしょうか。自分のことすらどうなるかわからないのに、ましてや競合やマーケットのこととなれば絶望的でしょう。

戦略を立てる意味があるのは、中期経営計画などと呼ばれる3年程度の期間についてです。とは言え、専属のプロジェクト・チームのない短期間限定の現場のプロジェクトや、3年以上の長期的な事業を考える場合であっても、戦略的な発想法そのものは常に必要になってきます。

条件❸ 背伸びをすればギリギリ届くような高さの目標であること

子供のころ、石垣の上から飛び降りたりして、友達と「どれだけ高いところからジャンプできるか」を競ったことのある人は多いでしょう。

石垣が低すぎれば、チャレンジする気力がおきません。逆に高すぎると、失敗したときの恐怖を感じて、やはりチャレンジする気力が失われたはずです。

人間が、「よし、やってやろうじゃないか！」となるのは、背伸びをすればギリギリ届くような高さにある適度な難易度を持った目標です。

一般には、**成功確率が50％程度と感じられる目標がちょうどよい**とされ、成功確率がこれよりも高すぎても、低すぎてもいけないとされます。

条件❹ 測定できる目標であること

400年前に活躍したドイツの天文学者ケプラーは、「人間が正しく理解できるものは、数と大きさだけにすぎない」と述べたそうです。

目標が「測定できる」ということには、2つの重要な意味があります。

一つは、**「成功と失敗が誰の目にも明らかになり、戦略の実務にゲーム性を持ち込むことができるようになる」**ということです。ゲーム性というと、どこか不真面目な感じがするかもしれませんが、ゲーム性というのは人間をその仕事に没頭させるために必要な要素として知られています。

もう一つは、**「そもそも測定できないものは、正しく管理できない」**ということです。戦略の現場では、戦略に関わる人数が増えるほど、徹底的に細かい数字にこだわった管理が必要になってきます。

ところが、世間では「数字にこだわる人」を、どこか細かい、セコイ、小さい人間だとして、ばかにする傾向があります。「気前のよさ」と「どんぶり勘定」はよく混同されますが、これらは必ずしもイコールではありません。

いかなる物事においても、測定できない価値は存在します。しかし、そうした測定できない価値ばかりを強調しすぎると、測定が難しいというだけで、測定自体をあきらめてしまうという態度にもつながります。

特に日本人は、大局観を大事にしすぎて、細部へのこだわりに欠けるところがあります。それが強みとなる場面もありますが、こと戦略に関しては、数字による細かい管理がどうしても必要となります。

目標の難易度とモチベーション

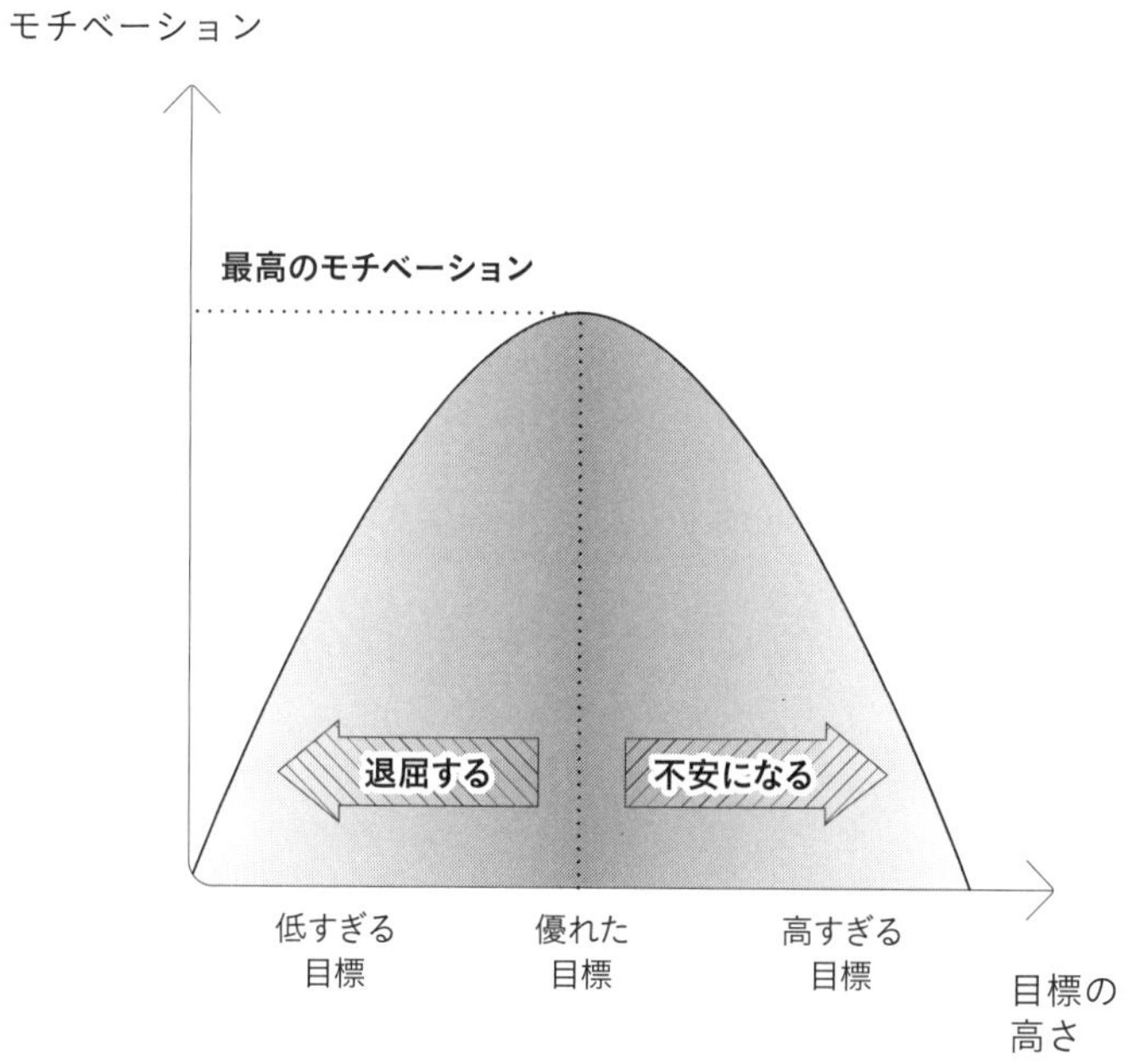

チャレンジすればギリギリ届く高さの目標が
最高のモチベーションを引き出す。

よく「神は細部に宿る」と言いますが、まったくそのとおりです。戦略に差が出るのは大局観においてではなく、その細部においてであるという認識が絶対に必要なのです。

条件❺　利他性のスパイスが入っていること

誰もが根源的に、社会の役に立ち、人に感謝されたいという欲求を持っています。われわれは人生のほとんどの時間を仕事に費やすのですから、仕事を通して社会に貢献し、自らの人生を意義深いものにしたいと考える人が多いと想定しても間違いではないでしょう。

特に日本人は、文化的な背景から、お金もうけに嫌悪感を抱く人が多いようです。そのため企業目標があまりに利己的であると感じると、「金もうけばかりでよいのだろうか」と、自分の仕事にいらぬ疑問を持ち込んだりしがちです。

ビジネスはボランティアではないとは言え、**「社会に対して付加価値を提供し、その対価を得る」というビジネス行為は、確かに利他的なものを前提としている**はずです。

「業界の顧客満足度調査の順位」といった顧客の視点だけでなく、「低い離職率」や「従業員の満足」といった組織内の視点、「寄付金総額」や「リサイクル率」など地域社会への貢献の視点などを、スパイスとして利益目標に追加していくことで、目標は多くの戦略に関わるメンバーが気持ちよく取り組めるものとなります。

コラム

熟達目標という考え方

教育心理学の本をひもとくと、目標には大きく分けて、「成績目標」と「熟達目標」の2種類があると書かれています。特に「成績目標」は、読者の多くにとって、受験にまつわる苦い記憶を伴いつつも、馴染みの深いものでしょう。

これに対して、「熟達目標」という、以前できなかったことが、できるようになることに価値をおくという目標の存在は、意外にもビジネスの現場にはほとんど応用されていません。

成績目標がベースとする考え方は「能力の相対評価」で、能力が固定的で変わらないという発想が背後にあります。

このため、成績目標では、とかく失敗の原因を「能力不足」に求める傾向があり、結果として、「自分には無理だ」という自信喪失の感情から「無気力」を生みやすくなることが心理学の研究でわかっています。誰にも、高得点を取ることを目標とした試験勉強をしていて、「なんのために、こんな勉強をしているのだろう」と、空しい気持ちになった経験があるでしょう。

これとは対照的に、熟達目標がベースにしている考え方は、能力の発達段階における個人的な評価で、「能力は伸ばせる」という発想を基礎としています。

熟達目標であっても、客観テストなどを用いる定量的な評価も重要です。ただ、それは他人との比較のためではなくて、あくまでも自らの到達度を測定するためです。

この熟達目標を達成できなかったときの失敗の原因は「努力不足」です。失敗しても反省することができるため、熟達目標をベースにすれば、失敗と無気力は直結しにくいと考えられています。

昨日まではできなかったことが、今日はできるという具合に、皆が自らの成長を実感していければ、モチベーションの高い組織を作り上げることができるでしょう。

とは言え、そもそも競争原理で動いているビジネスの世界では、成績目標を導入しない経営というのは、まず不可能です。

特に株主と対話する経営レベルでは、利益目標などの具体的な数値によって成績目標を示すことは、ほとんど義務であるとも言えます。

だからといって、経営者が株主に約束したような成績目標を、そのまま社内に向けて「達成せよ!」と叫ぶのは、戦略の丸投げ以外の何物でもありません。

私は、**これからの時代の目標のデザインには、厳しい成績目標を、いかにして達成可能な熟達目標に翻訳していくのかという視点が求められる**と考えています。

特に、成績目標と熟達目標のハイブリッド的な目標として、「あなたが成長することで、会社が○%成長する」という具合に、「あなた」という主語が先に来るような、熟達目標の要素を取り入れた成績目標には、大きな可能性を感じます。

これまでのように「会社のために、あなたが?」という自己犠牲的なロジックは、個人主義が進んだ現代では、もはや通用しなくなっているというのは言い過ぎでしょうか。

4 差別化という定性的な目標

企業経営においても、個人のキャリア開発においても、「差別化（differentiation）」は最重要の概念です。

「差別化」の目的は、「あっても、なくてもいい商品（いてもいなくてもいい人材）」を作ってしまうことを慎重に避け、「なくてはならない商品（なくてはならない人材）」を生み出すことです。少しわかりにくいかもしれませんが、戦略立案における目標設定とは、定性的には「差別化」に成功することでもあります。

「差別化」されていない「似たようなもの（平均的なもの）」は、運命的に供給過多になります。供給過多であるということは、相対的に少なくなる「需要」をめぐって血で血を洗うような、勝ち目のない競争に陥るというだけではありません。

供給過多とは言え、そこにはその規模の供給が求められる市場があります。そうした大きな市場は、イノベーターにとっては新規参入の格好のターゲットです。

デジカメが、スマホの写真アプリに破壊されつつあるように（野村総合研究所『これからICT・メディア市場で何が起こるのか』より）、供給過多となっている市場は、そもそも異分野からの参入を呼び込みやすいわけです。

◇差別化はなぜ実現されないのか？

誰もが「差別化」の重要性を理解していながら、それが実現されない理由については、ハーバード・ビジネススクールのヤンミ・ムンの著書『Different: Escaping the Competitive Herd』（邦題：『ビジネスで一番、大切なこと　消費者のこころを学ぶ授業』ダイヤモンド社）によって、秀逸な考察が示されています。

ステップ1　ある企業が、顧客に対して優れた価値提案を行う
ステップ2　顧客が喜び、その企業の業績が上がる
ステップ3　競合がそれをコピーする
ステップ4　優れていた価値が、その業界の標準になる
ステップ5　顧客の価値判断基準が高まり、顧客の目が厳しくなる

ステップ6　ステップ1に戻る

このステップを繰り返すと、ステップ1を実現する余地が時間とともにどんどん少なくなっていきます。いずれは顧客から見て取るに足らない小さな差異を、意味のある差異としてなんとか強調するという「むなしい争い」に落ち込んでしまいます。

しかし、心理学者ウィリアム・ジェームズが、科学者であるための心得として残した言葉にもあるとおり「差異を生まない差異は差異ではない」わけです。

ビジネスの文脈に翻訳すれば「(企業の業績に)差異を生まない(顧客から見て取るに足らない)差異は(実務的には)差異ではない」ということ、ゆめゆめ忘れるべきではないでしょう。

ここまでの話をグラフで表現すると、図❶のようになるでしょう。平均的な商品(似たようなものがたくさんある商品)と比較して、差別化の度合いが高まれば、顧客から見た価値が高まります。

しかし、平均的な商品から距離を取ればよいかというと、そうでもありません。あまりにも斬新すぎると、商品が顧客に理解されないことになり、まったく無価値の世界に落ち込んでしまいます。

I 「差別化の度合い」が高まると「顧客から見た価値」は高まる

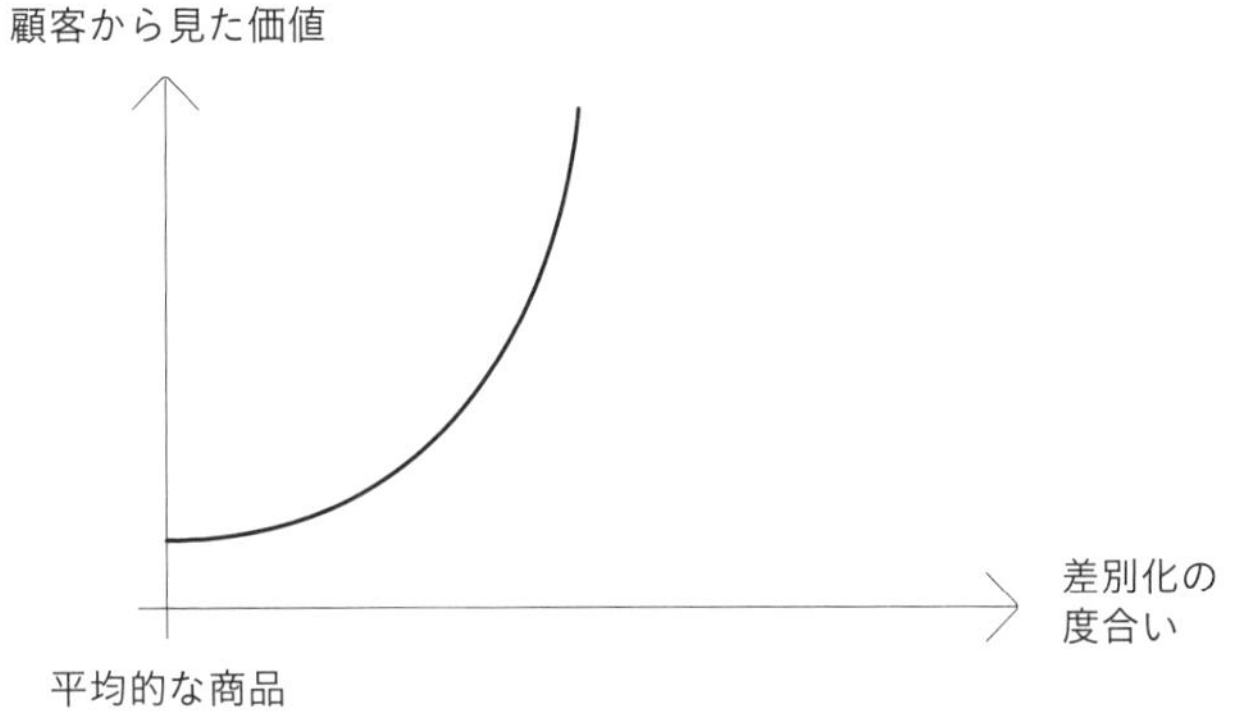

II 「死の谷」: 過度な差別化は無価値につながる

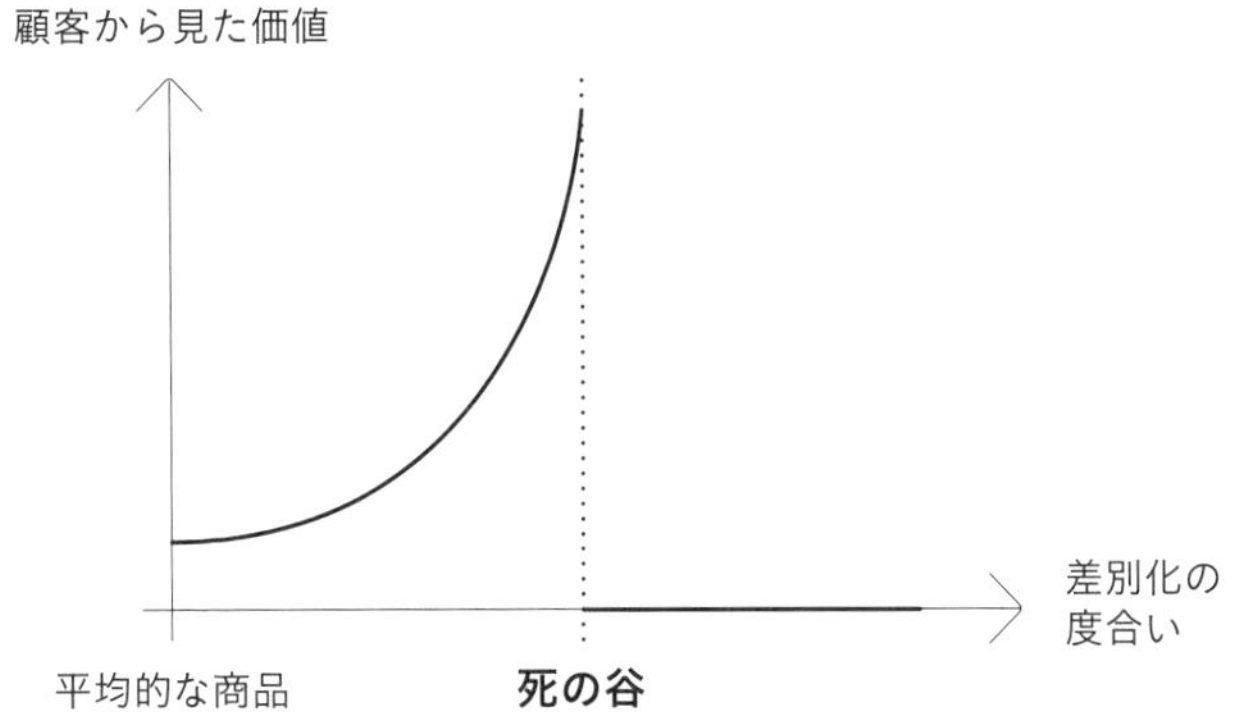

この境界は、別の表現では「死の谷（valley of death）」として知られています。これをグラフで表現すると図Ⅱのようになるでしょう。これが、競争からの完全なる脱却になるような「差別化」が危険であり、難しい理由です。

実はこのモデルは、私たちが「本物とニセモノ（真贋）」という文脈で、非常によく馴染んでいるものでもあります。ブランド品や骨董品はもちろん、人物評価や新興のベンチャー企業の評価においても、このモデルが人間の脳内で稼働しています。

レアな本物を見分ける力は、その道の専門家として認知される大切な条件です。それを見分ける力があればこそ、本物を誰よりも先に「掘り出し物」として見つけ出すことができるわけです。「目利き」であるだけで、食べていける理由はここにあります。

◇破壊的イノベーションが生まれるとき

しかし、まれに、死の谷の向こう側に破壊的なイノベーションが生まれることがあります。わかりやすい例としては、ウォークマン、Ｇｏｏｇｌｅ、初代ｉＰｏｄ、ｉＰｈｏｎｅなどがそれに相当するでしょう。こうしたイノベーションは、まず、それが生まれた直後

Ⅲ 破壊的イノベーションが生まれる。その価値はすぐには理解されない

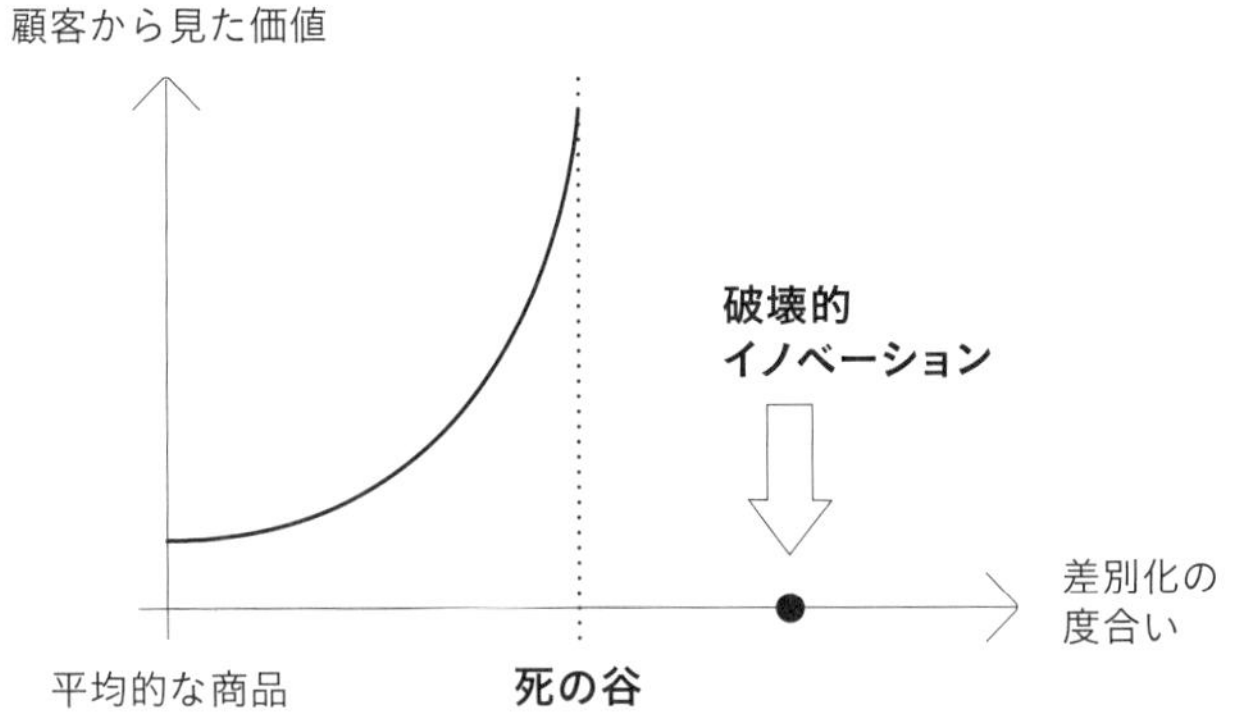

には顧客に理解されません。図Ⅲのようなイメージです。

　イノベーションも「目利き」に見つけてもらえなければ、ただの「ニセモノ」です。実際に、見つけてもらえなかったがために、歴史に埋もれてしまった「イノベーションのタマゴ」は、恐ろしい数になるはずです。

　iPhoneの発表よりも7年も前に、ソニーはクリエというスマートフォンを開発し、発売したりしていたことを考えると、いろいろな思いがわいてきます。

　しかし「目利き」が、そうしたイノベーションの価値を見出し、その「目利き」に頼る人々がその商品を認知した時点で、市場は変わります。

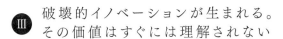

Ⅳ “目利き”が破壊的イノベーションに価値を見出す。既存の最高値商品に値崩れが起きる

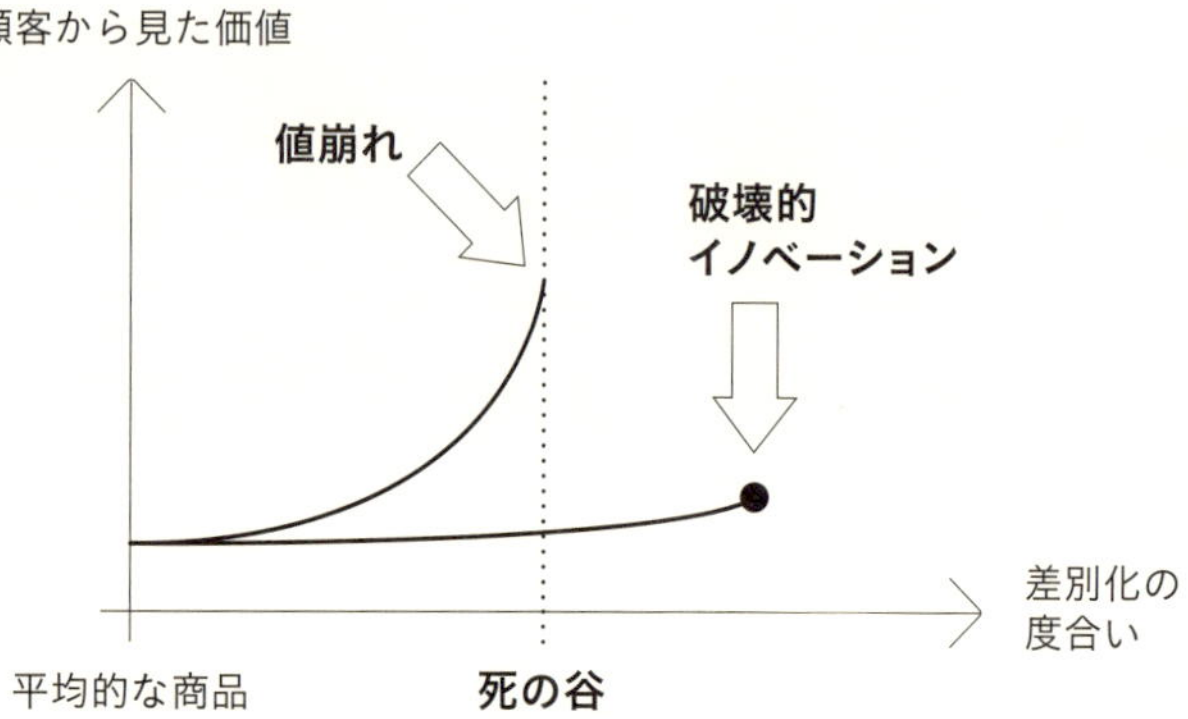

一部にはまだ、そのイノベーションに懐疑的だったり、その存在自体を認知しない人々もいるため、この時点では、市場は割れます。割れはしますが、古い市場において、過去最高値を付けていた商品の値崩れが起こるはずです。（図Ⅳ）

これが進むと、市場は「死の谷」の位置を変えてきます。別の言葉で言うなら、顧客に対するイノベーションの「価値教育」が終わるということです。

この段階になると、過去最高値で取引されていた商品は、行き場を失い、同じコスト構造ではその商品を流通させることができなくなり、市場からその姿を消していきます。今のガラケーが、その好例です。（図Ⅴ）

Ⅴ イノベーションの「価値教育」により「死の谷」の位置が変わる

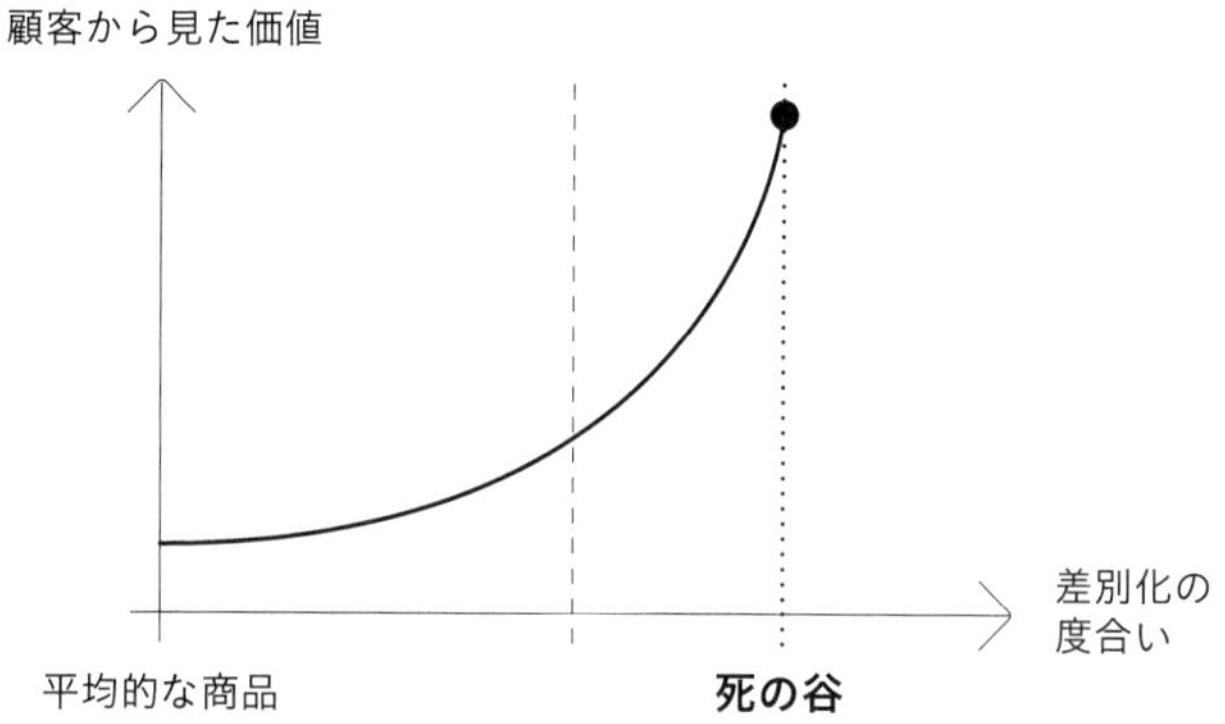

Ⅵ 「平均的な商品」の位置が変わる

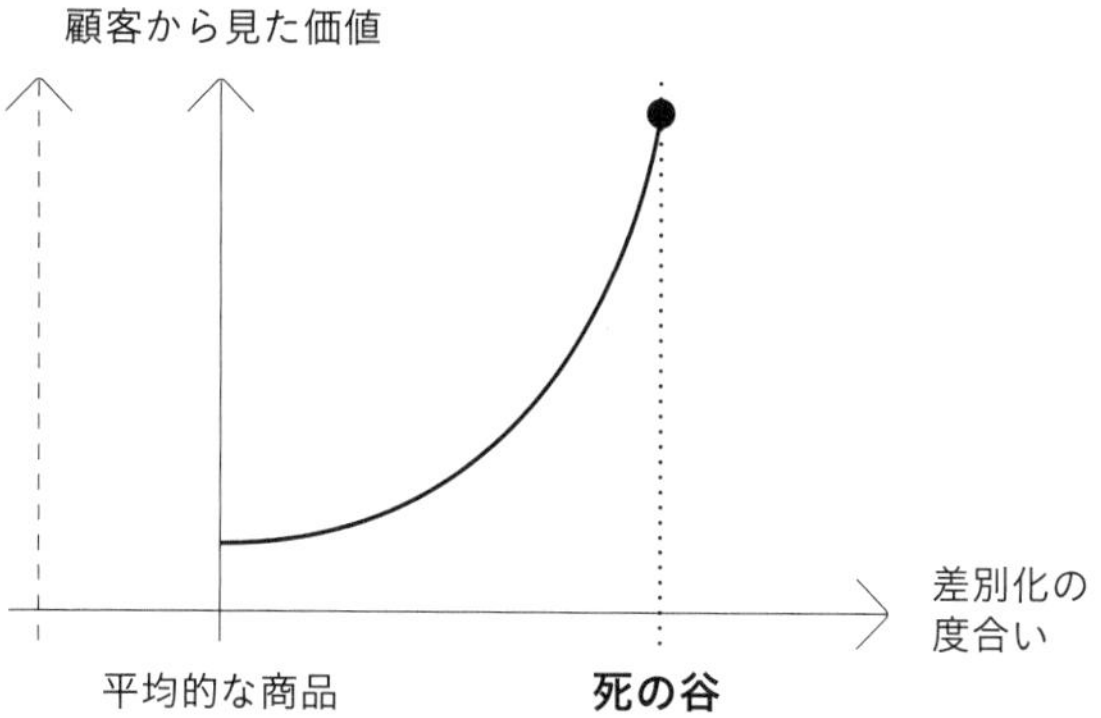

Ⅶ 小さな差異を競う「むなしい争い」。高級な商品の値崩れ

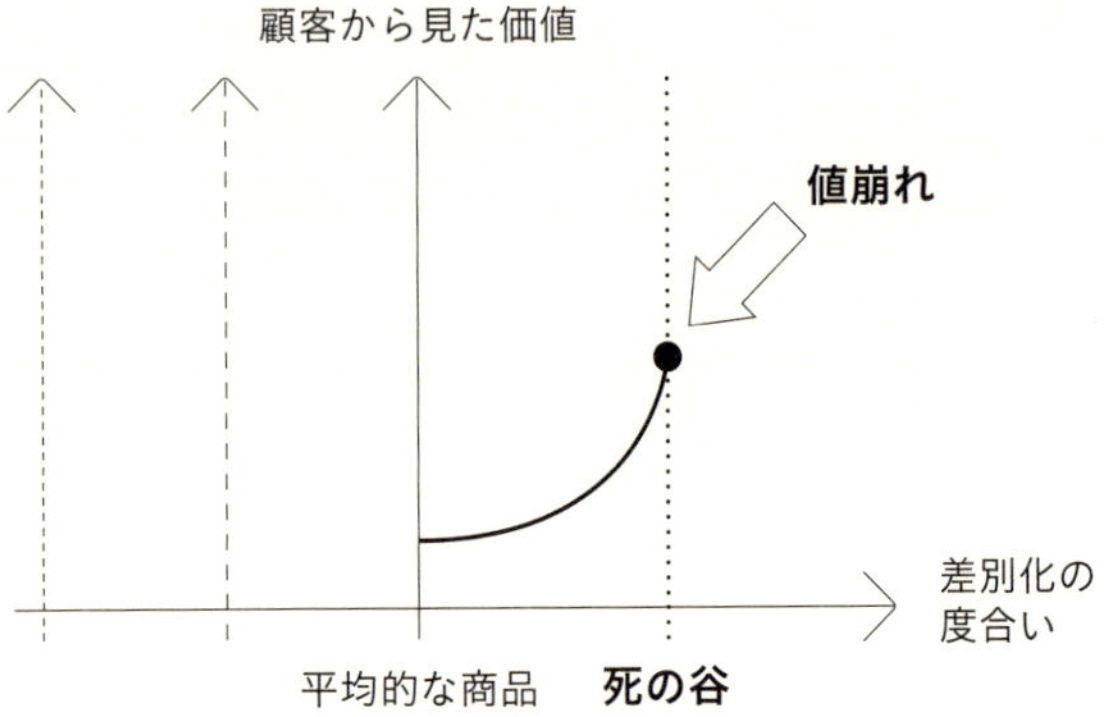

最後に、イノベーションの破壊的なところが失われ、平均的な商品の位置が変わります。こうなると、過去には画期的と思われたものもその輝きを失い、ただの高級な商品になり下がります。（図Ⅵ）

そこからは、先に紹介したヤンミ・ムンによるステップを踏んでいく無限ループに入ることになるでしょう。

平均的な商品が、高級な商品を「模倣」し、業界そのものが、むなしくも差異とは言えない差異を強調しながら、縮退していくことになります。このサインは、上のグラフのように、高級な商品の値崩れとして観察する

ことができるはずです。（図Ⅶ）

典型的にはデジタルカメラ業界がまさにこのプロセスにありますが、私の見立てでは、スマートフォン業界もすでにこのプロセスに入っています。スマートフォンも、数年以内には、Oculus Riftに代表されるようなメガネ型携帯端末の登場に脅かされる可能性があります。

◇イノベーションを起こすのは「目利き」の存在

ここまでの話を総括すると――

1　「差別化」に成功しないと滅びる
2　真の「差別化」は「死の谷」の内側では起こらない
3　だからイノベーションが求められる
4　イノベーションを起こすのは「目利き」である
5　イノベーションですら延命の手段にすぎない

――ということです。

この総括において、唯一、負のスパイラルから独立していて自由なのが「目利き」です。そうした「目利き」がいればこそ、競合の平均値から遠く離れたところに、新たな「本物」を生み出すことができるのです。

では「目利き」とはいったい、どのような人々なのでしょうか。

この分野には、日本語で「普及学（Diffusion of innovations）」と呼ばれる研究の蓄積が存在し、特に、社会学者エベレット・M・ロジャーズ教授（スタンフォード大）が提唱した「ロジャーズの普及理論」が有名です（エベレット・ロジャーズ『イノベーションの普及』翔泳社）。

この普及学によると「目利き」に相当する「初期少数採用者（Opinion Leader）」は、他者にその商品が優れていることを主観的に伝える発信力と影響力を併せ持った人々です。彼らの力によって**普及率が市場の16％を超えると、シェアは急速に拡大する**と言われています。

すでにお気付きだとは思いますが、こうした特徴を持った「目利き」とは、現代的な言葉では「キュレーター」のことです。

「キュレーター」とは『キュレーションの時代』（ちくま新書）の著者・佐々木俊尚氏の表現を借りれば「無数の情報の海の中から、自分の価値観や世界観に基づいて情報を拾い上げ、そこに新たな意味を与え、そして多くの人と共有する人」のことです。

過去、こうした人々は「ディレッタント（dilettante）」と呼ばれたことがあります。「ディレッタント」とは本来、学問を愛している素人のことです。意地悪な言い方をすれば、自らの専門性のなさに強いコンプレックスを感じ、それを埋め合わせるように情報を収集し、学問の成果を「知っている」ことに安堵するような存在でした。

しかし、現代のディレッタントには、発信する情報によって影響力を確保し、埋もれようとしている破壊的イノベーションに火を灯すという社会的な役割が与えられています。時代が変われば、役割も変わるということですね。

破壊的イノベーションと言えども、現代社会においては、その寿命は決して長くなさそうです。それを何度でも生み出せるようになるためには、**本当に開発・開拓すべきリソースとは「目利き」であり、イノベーションそのものではない**のです。

スティーブ・ジョブズが優れていたのは、製品の開発力ではなく、まだ世界に広く普及していないアイデアの中から「本物」を見抜く目であるというのが、私の考えです。

本章のポイント

適切な目標設定をするには？

優れた目標は、チーム全体のモチベーションを高めることができる。目標達成のモチベーションがあってこそ、さらによいアイデアが生まれる。

高い目標をベースにした戦略がなければ飛躍もあり得ない。失敗は成功のための必要経費であり、結果論で失敗を非難するのは卑怯である。

優れた目標の5つの条件を押さえておく。①リーダーが設定している、②3年程度の期間で到達したい、③背伸びをすればギリギリ届く、④測定できる、⑤利他性のスパイス

定性的には差別化に成功することこそが目標。
そのためには平均的な商品から距離のある商品を生み出しながら、
キュレーターとの継続的な関係構築が求められる。

第4章

ルートを選定する
――戦略立案の方法

幸運の女神は、準備をしていた人にだけ微笑む。
――ルイ・パスツール（生化学者）

「戦略の立案」に当たり、最初にはっきりさせておくべきなのは、戦略の立案は、それが実行されるときの問題点を、あらかじめ想定しつつなされなければならないということです。

そのため、立案される戦略のクオリティーとは、「実行のしやすさ」「実現する確からしさ」がまず第一のチェックポイントで、「戦略がもたらすインパクト」が第二のチェックポイントになります。

本章では、そんな戦略を立案するときに参照すべき原則を述べていきます。

1 戦略は本当に必要なのか？

「戦略なんて、それらしい説明を求めている投資家向けに、たまたまうまくいったビジネスを後付けで説明したストーリーにすぎない」という批判があります。極論すれば、戦略など必要ないという意見です。

これは、**「戦略は目標に近づくにつれて育っていく」**というダイナミックな理解ができないために生じる誤解です。

はじめの「種となる戦略」は、あとの戦略全体からみれば、細部の小さなアイデアにすぎないものです。そんな「種戦略」の多くは、メモ程度のものであるのがほとんどです。『ほぼ日刊イトイ新聞』の記事によると、宮﨑駿監督は、アニメ映画を製作するとき、まだ何を作るのかさえ明確には決まっていない段階で、主人公の髪型や洋服などを決めてしまうといいます。これは、実務における種戦略のあり方にそっくりです。

種戦略は、多くの人を巻き込み、実際のビジネス環境の変化と実行の中で新たに見つかった情報をフィードバックしながら頻繁に修正され、最終的に巨大な戦略プロジェクトとして完成するのです。

戦略の実務とは、「戦略の立案」を前輪に、「戦略の実行」を後輪にした自転車を前に進めるようなものです。

前輪となる「戦略の立案」がなければ、進むべき方向がなかなか定まらない一輪車となり、競争に勝つためのスピードが得られません。また、後輪である「戦略の実行」がなければ、まさに戦略は「絵に描いたモチ」となり、自転車はまったく前に進まないのです。

◇コミュニケーションは戦略を軸に活性化する

種戦略によって生まれる「戦略という旗」は、フィードバックやアイデアが集まる中心軸になります。それはある種、どんな食材が入るかわからない「闇鍋」のような怖さも持っています。しかし、受け皿となる鍋、すなわち「戦略という旗」のない組織では、フィードバックやアイデアは、ウエット情報として、どこかで誰かに大切に保管されてしまい、大規模にシェアされることはありません。

組織にとって戦略がなくてはならない本当の理由はここにあります。

日々ルーティンワークをこなす既存の組織に「戦略プロジェクト」という別の公式な組織をオーバーラップさせることで、組織内におけるウエット情報のフローを活性化させることができます。

機会があれば、戦略コンサルタントが何をしているか、よく観察してみてください。彼らは、必ず現場の人のところに行って、インタビューを繰り返しているはずです。なぜなら、現場には優れた戦略を立案するのに必要な情報があるからです。時には、立案されるべき戦略そのものまで存在するからと言えば、皆さんは驚かれるでしょうか。しかしそれは事実です。

究極的には、戦略とは、コミュニケーションを活性化させるための道具なのです。そして、人類が抱えるすべての問題は、基本的に、コミュニケーションによって解決されるものでもあります。**戦略コンサルタントとは、そうしたコミュニケーションのパイプを太くするための触媒のような存在**なのだと、私は理解しています。

「大企業で仕事をしていると、何か新しいことをやろうと思っても、社内の関係者を説得するのに時間がかかりすぎて、とても無理」という意見を聞くことがありますが、それは単に、組織内に公式な戦略がないからにすぎません。

2 スイート・スポットをシェアし、戦略を育てる

より個人主義が進みつつある現代社会においては、自分が巻き込まれる重大な決定には、誰もが「当然自分にも参加する権利がある」と考えています。

軍隊の人間であればともかく、資本主義社会に暮らす民間人が、自分の知らないところで他人が立案・決定した戦略を快く引き受けて実行することなんて、あり得ません。

関係者を十分に巻き込まないで立案した戦略は、それがいかに優れていたとしても、実行はうまくはいきません。**戦略の立案を密室で行うことは、犯してはならない「現代社会のタブー」**なのです。

自分の持ち込んだ食材が使われている料理は美味しく感じられるものです。戦略の立案でも、どこかの知らない人が立案した戦略よりも、自分が関わって作った戦略のほうが美味しく感じられて当然ではないでしょうか。

スイート・スポットの定義は、第2章（64ページ図）のとおりです。

復習すれば、ビジネスにおける戦略の立案とは、まずは自分たちのスイート・スポットについての理解を組織内で広め、以下の3点について広く議論し、アクション・プランについて関係各所で合意することでした。

（1）「攻め」の戦略＝現在のスイート・スポットをいかにして有効活用するか
（2）「守り」の戦略＝現在のスイート・スポットをいかにして維持するのか
（3）「成長」の戦略＝将来的にスイート・スポットをいかにして広げていくか

それぞれを詳しく見ていきましょう。

◇「攻め」の戦略＝現在のスイート・スポットをいかにして有効活用するか

まず何よりも大切なのは、「現在のスイート・スポットを有効活用する」という視点、すなわち **「強み」を絶え間なくアップグレードするための方法論を確立する**ことです。

キャリア戦略でも、何か派手に新しいことを始めようとあせる前に、今、自分に与えられている仕事を好きになり、その仕事に誠実に取り組むことで、そこから自分の「強み」と言えるものを生み出し、その「強み」をアップグレードしていくことこそが基本であり、本質なのではないでしょうか。

自社の「強み」が営業力であれば、さらにその営業力に磨きをかけるべく努力をします。技術が強いのであれば、それをさらなる高みにまで押し上げます。

得意分野をとにかくどんどん伸ばしていき、トップの地位につくということは、「顧客の頭の中に消えないメッセージを刻み込む」ということです。これは、2番手、3番手に甘んじることとは比較にならない大きな効果があることは、次の質問でも明らかです。

日本一高い山は富士山です。では2番目の山は？

得意分野を伸ばし、お山の大将であっても、とにかく大将となることは、戦略の基本なのです。

◇「守り」の戦略＝現在のスイート・スポットをいかにして維持するのか

自社にとって最高の営業とは、「満足した顧客」です。ブログやSNSといった個人発信メディアが発達している現在、口コミの重要性は非常に高まっています。

新規顧客から注文を得るためには、既存の固定客から注文を得る場合の5～10倍のコストがかかるといわれています。ここから考えれば、まずは**「既存の顧客を大切にする」ことが現在のスイート・スポットを守る戦略のコア**になります。

さらに、**「自社にしかできないこと」を競合にコピーされてしまわないような努力**も必要です。

果たしてそれが、守るに値するほどのものなのかを直感的にチェックするには、「自社がなくなった場合、代わりとなる会社が現れるまでにどれぐらいの時間がかかるか」という質問に答えることです。

すぐに代わりが現れるようであれば、「自社にしかできないこと」というよりもむしろ、「市場に魅力がないので、他社が興味を持たないこと」にすぎないからです。

代わりとなる勢力が簡単には現れないとすれば、それが技術的なことであれば、特許を意識する必要があります。

それが社内の業務プロセスなどであれば、情報が社外に流出しないように、営業機密として社内でもアクセス権を制限し、厳重に管理していくことが求められます。

転職が当たり前になりつつある日本では、これまで以上に、社員の流動性を意識しなければなりません。多くの転職は、同じ業界内で起こるのですから、社員の転職によって、自社の独自性が競合にコピーされてしまうようではいけません。

◇「成長」の戦略＝将来的にスイート・スポットをいかにして広げていくか

将来的にスイート・スポットを育てていくためには、自社の独自性を伸ばし、顧客の（潜在的な）要求にもっと広く答えられるようになる必要があります。

具体的には、自分たちの「構造的な問題を解決する」ことと、これまでなかった「新しい能力を獲得する」という2つの点について、議論をすることになるでしょう。


構造的な問題を考えるときに注意したいのは、問題の原因が組織にあると決めつけて、すぐに組織の構造改革をしようとすることです。

「組織」というのは人間ではないので、心理的にも攻撃しやすいため、多くの場面で「組織が問題だ！」という意見が出てきます。

しかし私の経験では、**組織の構造が本当の問題であることは意外と少なく、多くの問題は、そこで働く人間にこそ原因があります。**人が変わらないと、組織の枠組みだけを変えても、本当の意味で組織は変われません。

また、新しい能力の獲得を考えるときに注意したいのは、**優れた大戦略というのは、民主主義的な方法からは生まれない**ということです。

皆の意見を取り入れ、それぞれに異なる利害を仲良く平均化するような形でまとまった戦略は、少なからぬケースで最悪なものになることが知られています。なぜなら、「平均化する」という発想は、そもそも「差別化する」という発想の対極にあるものだからです。

ここは、戦略には多くの人の意見を取り入れるべきという、戦略実行上の工夫と矛盾するところなので、本当に難しいポイントにもなります。

鍵となるのは、現実に多くの人の意見を取り入れるということと、多くの人に自分の意見が取り入れられていると感じてもらうことは違う、というところを認識することです。多くの人の意見は取り入れるが、それは戦略の平均化を目指すということではありません。

繰り返しになりますが、将来に関する大戦略の立案においては、尖った少数意見を大切にする態度が求められます。これはとても難しいことですが、ここで妥協していては優れた戦略は生まれないのです。

発売初年度に100万本以上を売り上げたという、コーセーの大ヒット化粧品に、「モイスチュアスキンリペア」という保湿美容液があります。

この製品の開発・商品化において中心的な役割を果たした荒金久美氏は、新基軸を打ち出すときの大変な経験から、「社内の反発は、商品としての魅力度のバロメーターである」とまで考えるようになったそうです。

3 あたらしいアイデアが本当に求められるとき

あたらしいアイデアというのは、常に求められているわけではありません。現実のビジネスでは、通常はアイデアよりも、ロジカルに考える力と実行力が問われることが多いものです。

求められてもいないアイデアをせっせと生み出すという行為は、「いらぬ思いつき」として却下されるのが普通です。あまりに度がすぎると「そんな暇があるなら、手を動かせ！」と叱られるのがオチです。

◇あたらしいアイデアをあれこれと考える前に

世界は驚くほど多量の「コピー可能なアイデア」であふれています。ですから、**他人によってすでに成功することが証明されたアイデアは、まずコピーを考えましょう。**

もちろん、特許によってコピーが違法だったり、複雑で真似をすること自体が難しいものは、その対象からははずれます。

しかし、これまでは競合にしかできなかったことをコピーすれば、結果として競合のスイート・スポットを小さくすることになるという視点も大切でしょう。

たとえば、英語の勉強でも、やみくもに勉強をするよりも、すでに英語をマスターした先輩の「勉強法」をコピーすることから始めるべきです。

資格の勉強でも、資格の学校などで「勉強の仕方」について資格取得者の講演を聞くべきでしょう。あなたがビジネス書を読む理由も、そこに実務に使える有用なアイデアを求めてのことではないでしょうか。

同じように、多くの企業が戦略の立案において戦略コンサルティング会社の力を借りるのは、何よりもプロの戦略コンサルタントが、膨大な量のコピー可能な成功法則をため込んでいるからにほかなりません。

戦略コンサルタントたちは、なぜ、どこの会社も判で押したように「自分の問題は特殊だ」と信じ込んでいるかを常に不思議に思っています。**本当の意味で特殊な問題というのは、それほど多くはない**という意見もあることを、知っておいてよいでしょう。

◇あたらしいアイデアでトレードオフを解消する

では、あたらしいアイデアというのは、いつ、なんのために求められるのでしょうか。

世の中には多くのトレードオフがあります。たとえば、高品質なものを提供するためには、コスト面では妥協をしなければなりません。厳しい納期に対応するには、品質を犠牲にせざるを得ないこともあるでしょう。広告予算の増額もなしに、売り上げだけ伸ばすのは絶望的なことに思われます。

このように普段のビジネスでは、トレードオフは、ロジカルな意味で「仕方のないこと」とされています。ロジカルに考えれば、たとえば、高品質なものを低価格で提供することは「矛盾」しているのですから当然と言えば当然です。

あたらしいアイデアとは、ズバリ、こうした現在の矛盾を克服するためにこそ求められています。

「ブレイクスルー」とは、それまではトレードオフだと思われていたことを、これまでになかったあたらしいアイデア一発で解消してしまうという行為にほかなりません。

競合もロジカルに物事を考えてビジネスをしています。同じような顧客分析をしているし、仕入先などの選定もしっかりと実施しています。そんなビジネス環境において、自社に本当の意味での差別化をもたらすのは、トレードオフを受け入れるロジカルな思考ではなくて、トレードオフを最後まで認めないアイデアパーソンとしての誇りです。

「矛盾とは、ブレイクスルーの母」と言えるわけです。

戦略の議論をしている皆が「そんなこと、絶対に無理！」という気持ちになったときこそ、実は巨大なチャンスを前にしている瞬間かもしれないのです。

何事もいちいちブレインストーミングをするのではなく、**克服すれば大きな成果につながる矛盾のリストを作り、そうした矛盾の一つひとつについてアイデアを募るのが、優れた戦略を立案するための王道**だと思います。

◇ あたらしいアイデアを生み出すには？

一つヒントを――。

ブレイクスルーを生むようなあたらしいアイデアの多くは、「異なる文化」から出てくるという意見があります。

「文化の違い」というのは、往々にして失敗の言い訳にばかり利用されますが、戦略の立案という場面では、異文化の発想は大きな助けになる可能性があるのです。

なにも国籍や国境を越えるような文化の違いである必要はなく、別の部署の人の意見、社内の文化にまだ染まっていない転職してきたばかりの人材や新入社員の意見、社外のコンサルタントなどの意見、世代のまったく異なる子供や老人の意見など、利用できる文化の違いは身の回りにたくさんあるはずです。

戦略家には、「聞く技術」が求められるのです。

コラム

戦略の立案力を養うトレーニング

戦略の立案には、優れた小さなアイデアを多数組み合わせることで、一つの巨大なアイデア・システムとして完成させる力が求められます。

この力を養うのに、とても有効なエクササイズがあります。それは、**「何の関係もなさそうな2つの事象について、その共通点を探す」**というものです。

実は私自身も、通勤の時間や、（内緒ですが）退屈な会議などに出席してボーッとしているときに、よくこのエクササイズを行っています。

完全に異なるモノの間に共通点を探すという作業は、それぞれに異なるモノを要素に分解して、互いの要素の中に共通するもの、いわば最大公約数を見つけていくという作業です。

紙とペンを使って、要素をもれなくリストに書き出して評価軸を設定し、その要素をプロットする――こうした方法では、作業を左脳的（論理的）に効率化させてしまいます。

こうした「便利な道具」には頼らずに、頭の中だけでビジュアルなイメージで要素を動かして右脳を刺激して、共通点を見つけていくとよいでしょう。

諸葛孔明は、戦争の最中に自軍の矢が足りなくなったとき、甲冑を着せた藁人形を多数船に乗せ、視界の悪い日に、その船を敵軍中に進めて攻撃させることで、十分な矢を入手したといいます（史実とは言えない話ではありますが）。

矢、甲冑、藁人形、船には、何もあたらしいことはありません。しかし、これらの組み合わせには、歴史を超えて語り継がれるような戦略の本質が宿っているのです。

では、ここでエクササイズを一つ。

問　「メガネとウサギの共通点を見つけなさい」

4 クイック・ウィンのテスト・ケースを走らせる

リンゴが多数実っている木からリンゴをもぎ取るときには、必ず手の届く低いところに実っているリンゴから先にもぎ取ります。そして、そのリンゴの味を確かめてから、木から落ちるリスクを犯してまで高いところに実っているリンゴに手を伸ばすべきかどうかを判断します。

戦略の立案でも、まず戦略に関する多くのアイデアの中から、**すぐ簡単に実現できそうで、業績へのインパクトも比較的大きなアイデアをテスト・ケースに認定**します。こうした、すぐ簡単に成功させられるアイデアのことを「クイック・ウィン」と言います。

そして、できる限りのベスト・メンバーで即席のチームを組み、テスト・ケースの目標と実行プランを立てて、プランを実行します。

これが成功すれば、戦略プロジェクトのチームの自信とモチベーションは高まり、あとに続く本格的な戦略の実行もスムーズになります。

逆に、ベスト・メンバーによるクイック・ウィンのテスト・ケースですら失敗するようであれば、それに続く他の戦略の実行も決して成功しません。

◇テスト・ケースの成功を活かす

このテスト・ケースの実行によって、新たに得られる情報やアイデアが必ずあります。それをフィードバックとして活用して、それまでの情報分析や戦略立案に修正をかけます。

また、テスト・ケースの成功を関係者全員で祝い、テスト・ケースで学んだ戦略実行のノウハウを関係者全員でシェアすることで「いよいよ始まる」というムード作りも可能になります。

戦略の立案や実行に慣れていない組織の場合、難易度の低いアイデアをテスト・ケースとして次々と成功させることで、本格的な戦略の実行までに、十分な勝ちグセを付けておくことが大切です。

5 立案される戦略の構造

政治・軍事理論家として有名なマキャベリは、次のように述べています。

音楽のテンポに合わせてダンスをする踊り子たちが間違いを犯さないように、鼓笛に調子を合わせて動く軍隊は容易に乱れるものではない。

ダンスにおける伴奏、軍隊における鼓笛のように、戦略においても「3つのリズム」、

①誰が
②いつまでに
③何をやるのか

が実行プラン（=計画表）として明確になっている必要があります。計画表を作るに当たって、注意するべき点について以下に述べていきます。

◇計画表は、細かい作業に分割して書かなくてはイケナイ

一見、複雑なアイデアでも、上手に分割することで、簡単にこなせるアイデアの集合にすることができます。いうなれば、難しいアイデアを、複数の連続するクイック・ウィンに分割してしまうのです。

大きな戦略プラン（大戦略）は、とにかく小戦略に分割したほうが無難です。なぜなら、人は締め切り間近にならないと、なかなか仕事をしない生き物だからです。

分割して、それぞれの締め切り（デッドライン）を管理していかないと、大きな仕事を時間内に終わらせることはできません。また、**プランを分割することで、一つひとつのプランを達成する満足感を得られる**ようにもなります。

このように、「困難を分割する」ときに注意しなければならないのが、俗にいう「１００％ルール」です。これは、「時計を部品に分解するときには、部品をなくしてしまってはいけない」というのと同じことです。

言い換えれば、「大きな戦略を要素プロジェクトに分解する場合、要素プロジェクトをすべて合わせたら、元の大きな戦略を１００％カバーしていなければならない」というこ

とです。当たり前に思えるかもしれませんが、戦略の実務では忘れられがちなポイントです。

◇計画表には、計画だけ書いてはイケナイ

計画表の命は「作業が完了する日（＝完了日）」です。この完了日には3種類あります。

（1）計画上の完了日
（2）現時点で最も正確な予測としての完了日
（3）実際の完了日

（1）の「計画上の完了日」は、予期せぬトラブルを想定し、十分に余裕を持たせておく必要があります。たとえば顧客とは、この「計画上の完了日」の書かれた計画表をシェアします。しかし、それだけでは実際に「使える」計画表にはなりません。

戦略プロジェクトのメンバー間では、必ず（2）の「現時点で最も正確な予測としての完了日」が入っている計画表をシェアしないと、意味がありません。

ホンネとタテマエを区別する日本では、これはとても重要なポイントです。いうなれば「計画上の完了日」はタテマエ、「現時点で最も正確な予測としての完了日」がホンネです。プロジェクト内部では、ホンネをシェアする必要があります。

100%ルール

大きな仕事は、小さく分解する。

↓↑

分解した要素を合わせたら、
元の100%すべてをカバーしなければならない。

（3）の「実際の完了日」の意味は、将来、同じメンバーで仕事をすることになったときに、誰のスケジュール管理は信頼できるのかといったデータを示すぐらいしかありませんが、それでも、一応、入れておく必要はあります。

とにかく「計画上の完了日」の入った「タテマエ計画」は、前倒しして終了することで、プロジェクトが順調に進んでいるというムードを生み出すことが重要です。

◇計画表に乗る個々の作業は、なんらかの方法で測定できなければイケナイ

基準となる尺度を共有できなければ、個々の小戦略の結果の良し悪しの判断すら、まともにできない組織になってしまいます。本来「問題」とは、目標と現実のギャップのことです。この**ギャップを正しく測定し、それを愚直につめていくという作業が、実際に戦略実行の現場で行われること**です。

そこでこのギャップが測定できないと、果たして現状が過去よりもよくなっているのかどうかすら、よくわからなくなってしまいます。

とは言え、コントロールの手段である測定が目的化してしまい、職場が意味のないチャートだらけになってしまうようなことにはならないよう、注意が必要です。

6 やめるべきことを常に探す

戦略とは、次々新しいことを始めるばかりではなく、スパッとやめることを決める作業でもあります。

常に「限られた資源（＝ヒト・モノ・カネ）」で戦うことを強いられるのがビジネスというものです。そうした**「限られた資源」を、自分たちの「強み」を最も活かすことができる製品に集中させることが、優れた戦略の基本**です。

もう少し具体的に考えてみましょう。181ページの図を見てください。

図で、「自社の得意分野」を活かすことができる「魅力的な市場（たとえば、強い競合がいない大きな市場）」に向けた製品へは、自社の持てる資源を集中させます。

逆に、「自社の苦手分野」でなんとか戦っている「魅力のない市場（たとえば、右肩下がりなのに強力な大企業がひしめき合っている市場）」に向けた製品は、市場からの撤退を考えます。

――ここまでは、当たり前の話です。難しいのは、ここからです。「自社の得意分野」を活かすことができる「魅力のない市場」にある「無難な製品」と、「自社の苦手分野」で戦っている「魅力的な市場」に向けた「無難な製品」はどうすればよいでしょうか。

経営者の個人的な思いつきで始められる場当たり的な新規事業は、ほぼ確実にこうした無難な製品を生み出す運命にあります。実際に多くのビジネスは、残念ながら場当たり的なものです。**「無難な製品をどうするのか?」というのは、戦略の立案では大変よく見かける問い**なのです。

確かに自社の苦手分野が大幅に改善したり、市場の魅力が急速に回復したりすれば、こうした無難な製品が有力な製品に生まれ変わることもあります。

しかし、そうしたことは現実にはほとんど起こりません。運任せの他力本願であると言われても仕方ないでしょう。

◇無難であることは、一流になることの敵である

収益がそこそこ上がっている「無難な製品」の市場からの撤退を決断しなければ、本当

「やめるべきこと」を探す

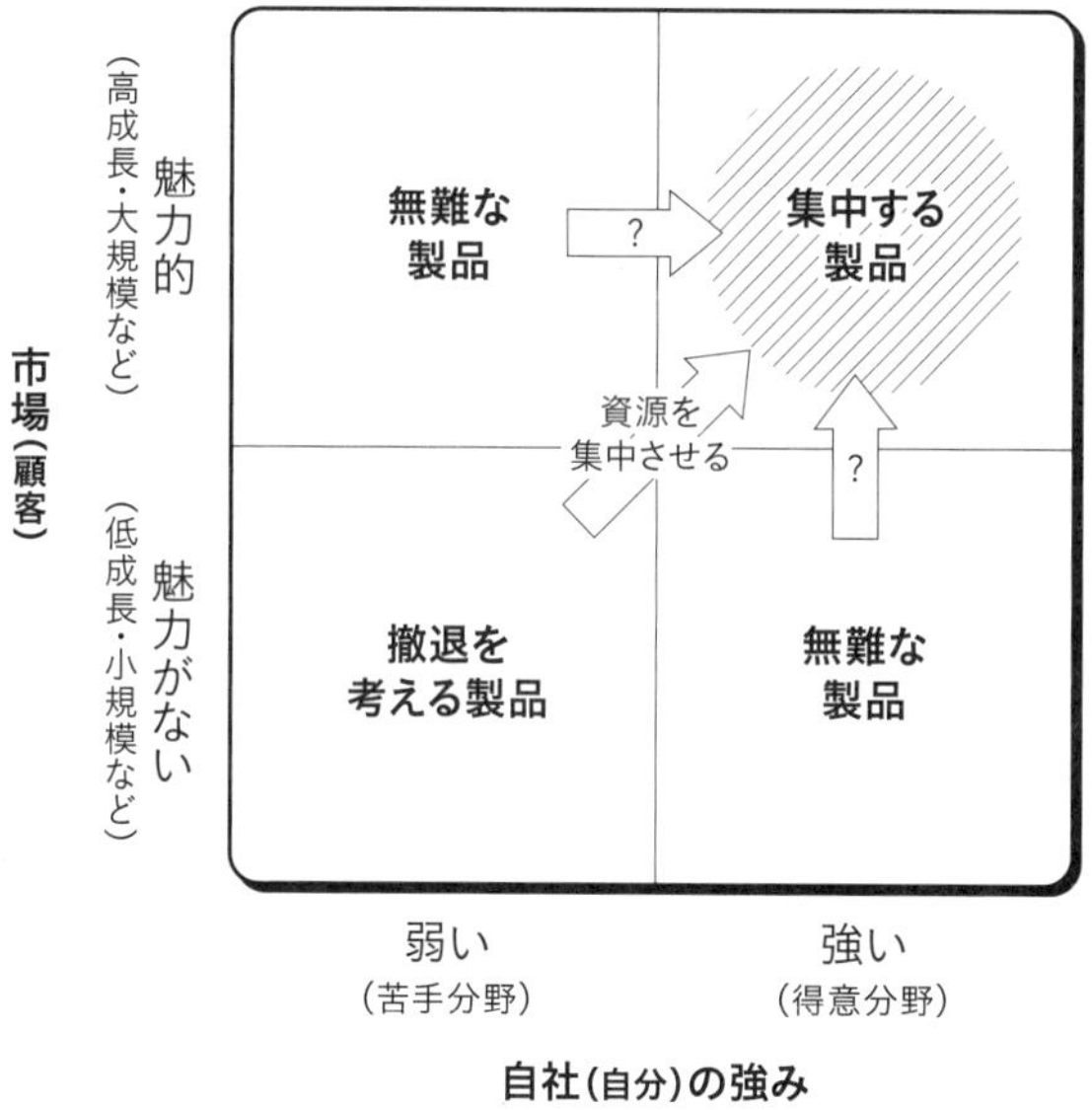

「無難な製品」の市場から撤退しなければ
真の一流企業にはなれない。

の意味で一流の企業になることはできません。
元GEのCEOで「伝説の経営者」とも呼ばれるジャック・ウェルチ氏が、GEの家庭用品部門を分離売却しようとしたとき、GEの従業員から「伝統をぶち壊さないでほしい」という手紙が何通も届いたそうです。

そうした**「善意からの反抗」をはねのける力がないと推進できないのが「何かをやめる」という戦略**です。これは非常に難しいことです。しかし「地獄への道は善意で舗装されている」といわれるように、これを乗り越えないと、企業の業績は好転しません。とは言え、一見ダメそうな製品でも、他の製品との「シナジー」があることもあります。たとえば、製品ラインアップの充実が顧客に求められている業界（たとえば機械部品業界）では、無難な製品だからという理由で、ある製品の製造をやめてしまうと、結果として想像以上の顧客を失うことにもなりかねないので注意が必要です。

品揃えのよさが売りであるコンビニが、「あまり売れないから」という理由で、無難な商品の数を減らせないことは明らかでしょう。

必要のない外科手術はしないというのが名医の条件です。果たして無難な製品を切ってしまって本当によいのかどうか――この問いに万能の回答はなく、そこにあるのは決断だけなのです。

7 リスク対策と代替案の準備を忘れずに

戸部良一氏らによる著作『失敗の本質――日本軍の組織論的研究』（中央公論社）では、旧日本軍の作戦のオプションが実に貧弱で、仮に作戦が失敗したときのための代替策（＝バックアップ・シナリオ）がまったく用意されていなかったことが指摘されています。

日本人には、第一の作戦が失敗した場合のバックアップ・シナリオを描くこと自体を、「縁起でもない」と嫌がる傾向があります。しかし、そうした精神論に逃げ込もうとする態度は、決して認めてはいけません。

◇まずは存在するリスクを知り、できる対策は取っておく

バックアップ・シナリオを準備する前に、まずはメインとなる戦略がいかなるリスクによって失敗する可能性があるのかを明らかにし、その対策を練っておく必要があります。

はじめに、起こり得るリスクを戦略プロジェクトの全員ですべて洗いだします。次に、それらを「発生する確率」と「戦略プロジェクト全体に与えるインパクトの大きさ」という185ページの図に示した2軸でプロットし――

（1）発生する可能性が高いリスク

（2）戦略プロジェクト全体に与えるインパクトが大きなリスク

を複数特定します。

こうして**特定された「重大なリスク」に対して「取り得る事前の対策」と「事後の対策」を考えておく**のです。

すべてのリスクに対して対策を準備するのはまず不可能ですが、限られた数の、負のインパクトの大きなリスクに対しての対策は、準備をしておく価値のあるものです。

これは、たとえば関東大震災に備えて、防災グッズを買っておくのと同じ発想です。

◇バックアップ・シナリオが生み出す高度な戦略立案の方法

先に取ったリスク対策も空しく、メインの戦略が失敗することもあります。そこで必要になってくるのがバックアップ・シナリオです。

リスク対策

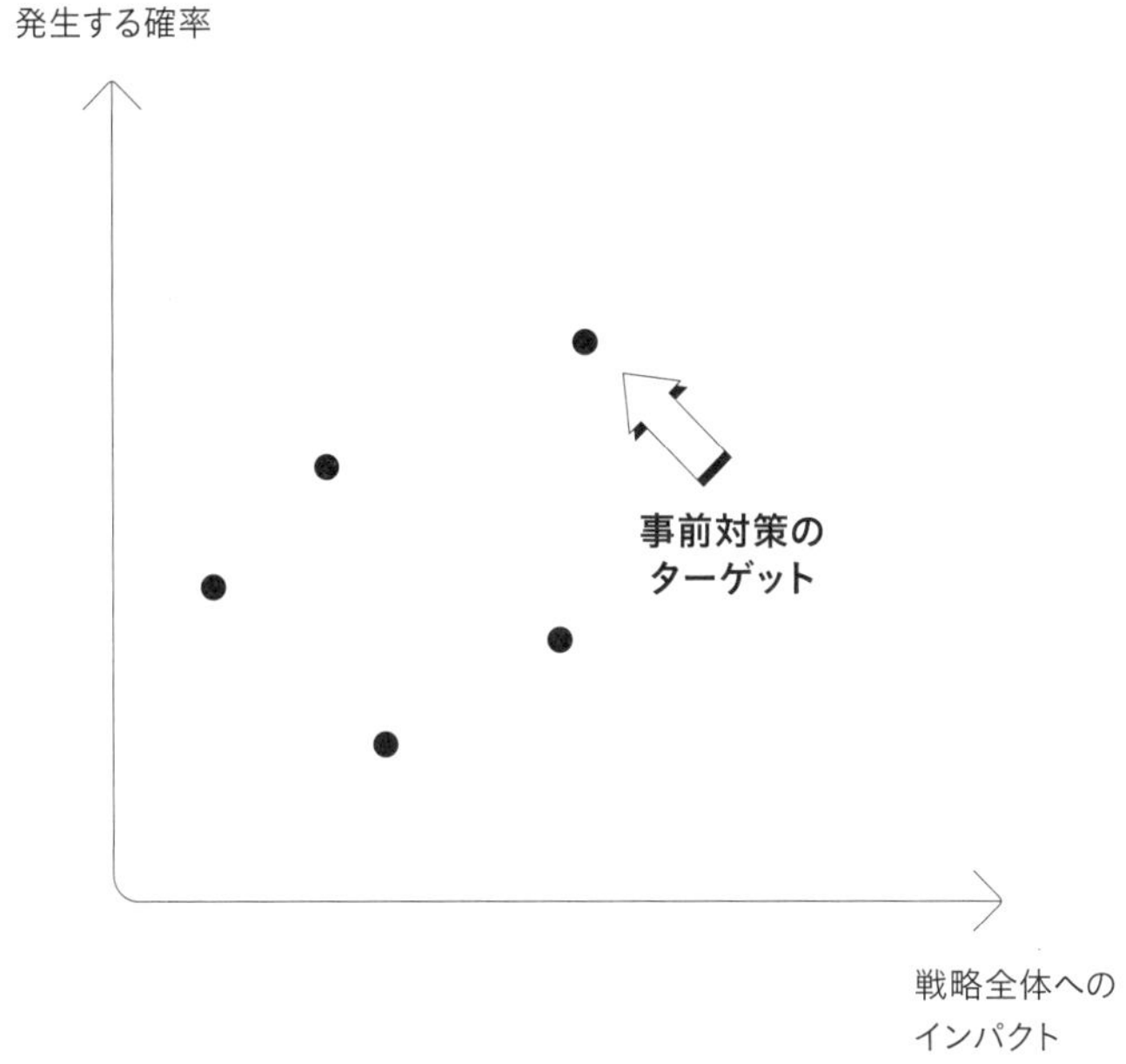

事前対策を準備するリスク――
①発生する確率が高い、かつ
②戦略全体へのインパクトが大きい

たとえば、大学受験の戦略では、受験日当日に高熱を出すなどで、滑り止め（＝リスク対策の一種）にすら合格できなかったときのバックアップ・シナリオを準備します。

大学進学をあきらめて就職する道もあるでしょう。浪人を覚悟し、予備校に行くこともできます。国外には9月から始まる大学もあるので、留学すれば浪人の期間を短くすることもできます（最近では、国内の大学でも、9月に始まるところがあるようです）。

バックアップ・シナリオとして仮に留学を選ぶとするなら、次の大学受験に成功しても、しなくても「英語の勉強が共通して重要」であることがわかります。

ここまで見えていれば、事前の対策としては特に英語の勉強を、他の科目の勉強に優先させておくことが、今の戦略プランを実行すると同時に、それに失敗したときの準備もできるという優れたリスク対策になりそうです。

このように、**将来とり得る複数の選択（可能性）について、それぞれ戦略プランを考え、そうした戦略プランの中に「共通するアクション」を見出して、それを他のアクションよりも優先させることを考える**という方法は、「シナリオ・プランニング」と呼ばれます。

これは戦後アメリカの空軍によって生み出された戦略立案の方法で、現在でもロイヤル・ダッチ・シェル（シェル石油）で採用されているものとしても有名です。

8 戦略のキャッチ・コピーを考える

立案された戦略は、詳細をプレゼンやトレーニングの形で、広く正しく伝えることが重要です。特に、戦略とはコミュニケーション活性化のためのツールとしての側面があるので、この点は強調してもしきれません。

一般に、コミュニケーションにおいては、伝える内容が詳細になればなるほど、伝わるスピードは犠牲になります。

そこで、戦略を詳細にコミュニケーションする地道な啓蒙活動と同時に、**戦略のエッセンスを「短くて覚えやすいフレーズ」にまとめて関係者の間で広く共有する**ことで、戦略プロジェクトに関わる人から戦略に沿った行動を引き出すことを狙います。

これは、経営学の世界では「ストラテジック・プリンシプル（戦略方針）」と呼ばれているものです。

ストラテジック・プリンシプルとして恐らく最も有名なのは、ＧＥの——

「市場で1位、または2位を占める。さもなければ撤退する」

というものでしょう。

これは撤退することが目的なのではなくて、「さもなければ」という部分に1位への情熱と覚悟が入っていることがポイントです。


また、サウスウエスト航空のストラテジック・プリンシプルの——

「近距離航路のお客様ニーズに、マイカー旅行と遜色ない運賃で応える」

には、サウスウエストの競合はもはや他の航空会社ではなくて、なんとマイカーであるという意識が強く反映されています。極端に感じられるかもしれませんが、これによって、社内のコスト意識が極限にまで高められることが予想されます。


日本の例としては、海水を処理して淡水（真水）を作り出すときの逆浸透膜などを作っている日東電工の——

「グローバルニッチトップ」

というストラテジック・プリンシプルが優れたものとして知られています。日東電工は連結で3万1千人もの社員が働く企業ですから、ニッチを攻めるという方針には疑問を抱く人もいるかもしれませんが、それをグローバルスケールで行うのですから、話はそう単純ではありません。

◇ストラテジック・プリンシプルで戦略を現場に売り込む

ストラテジック・プリンシプルの背後にあるのは、複雑な戦略が関係者の皆に完璧に理解されるのを待たないという態度です。これを待っていて、戦略を宝の持ち腐れにしてしまうよりは、**80％の不完全な理解でもよいから、とにかく戦略が実行されることのほうが重要**であるという考え方です。

言ってみれば、これは戦略を関係者に売り込むための「キャッチ・コピー」なわけです。この戦略のキャッチ・コピーを考えるときには、以下の3つのポイントに注意します。

（1）全社の部門を越えて、「集中すべきポイント」が明確になっている
（2）社員の行動が正しいものであるかどうかを「判断する基準」になる
（3）「具体的な方向性」を示しつつも、そこから先の「判断は個々の現場」に任せる

戦略の立案においては、こうした戦略のキャッチ・コピーが組織のトップから事前に与えられていることも少なくありません。

そうした与えられたキャッチ・コピーが、先の3つのポイントに照らし合わせて不明瞭なときは、GEなどの優れた例を示しつつ、トップに対してキャッチ・コピーの変更を提案するべきでしょう。

本章のポイント

戦略立案の方法

「種となる戦略」は、フィードバックやアイデアの集まるコミュニケーションの中心軸となり、組織内のウエット情報のフローを活性化する。

新しいアイデアを考える前に、成功することが証明されたアイデアのコピーを考えるべきである。

新しいアイデアは、トレードオフを解消させるような「ブレイクスルー」のためにこそ求められる。

手っ取り早く実現できる戦略アイデアをテスト・ケースとして実行することで戦略チームの自信とモチベーションを高め、フィードバックを得ることができる。

戦略の計画表を書く作業で注意するべきポイントは——①細かく分割、②完了日を決める、③測定できる——の3点である。

「無難な製品」の市場から撤退しなければ一流企業への道はない。これは「善意の反抗」をはねのける力がないと推進できない戦略である。

すべてのリスクに対策を準備するのは不可能である。発生可能性が高く、インパクトの大きなリスクを特定し、対策を練っておくとよい。

最悪のケースに備えて、バックアップ・シナリオを準備しておく。

戦略は、短く覚えやすいキャッチ・コピーにして共有することで関係者に戦略を売り込み、戦略に沿った実行を引き出すことを狙う。

第5章

戦略の実行を成功させる

道近しと言えども、行かざれば至らず。
——荀子

シャワーを浴びながら、鼻歌でオリジナル・ソングを作り上げる人は多いでしょう。その中には、人類史に残るような名曲もあるかもしれません。

しかし、実際に曲としてアレンジして、演奏し、録音して、宣伝をし、販売されることで顧客の手に届き、顧客に満足してもらう――こうしたプロセスを経なければ、それがどれほどの名曲であっても、鼻歌はそれ以上にはなれません。

戦略も同じです。いかに優れた戦略を描いても、それが実際に実行されなければまったく無意味なのです。

1 人を説得するための方法論を知る

戦略の実行とは、「感情を持った人間を動かす」という非常に泥くさい作業です。

戦略家一人でできることなど限られているのですから、**多くの人々を説得し、周囲を巻き込むことが、大きな戦略の実行を成功させる鍵**となります。

組織トップはもちろん、他の多くの関係者のコミットメントが得られてこそ、その成果がより輝かしいものとなることは言うまでもないでしょう。

人間でも機械でも、「部品」の点数が増えれば増えるほど、摩擦も大きくなるものです。同様に「巻き込むべき人の数」が増えれば、それだけ説得も難しくなります。

人を説得するには、「自分はこう思う」と強く主張するばかりではどうにもなりません。**説得する相手の考え方や価値観に合わせて、こちらの出方を変えていく必要がある**はずです。

言ってみれば、戦略家にとって同じ組織の人々とは、戦略を売り込むお客様なのです。

営業活動においては、顧客ごとに売り込み方を変えるのが常識であるように、戦略家にとっても、相手によって説得の仕方を変えるのは、当然のことです。

◇「4つのタイプ」で相手を直感的に理解する

直感を重視する人と、ロジックを重視する人は、そこかしこで衝突することに気が付いている読者は多いでしょう。この事実から、「直感的な人にロジカルな説得をかけても無駄」だし、「ロジックを重視する人に直感で話をするのは逆効果」だという簡単な方法論が導けそうです。

このように、相手の特徴を理解することで、こちらの主張を相手に受け止めやすい形に変えるコミュニケーションの手法は、これまでにいくつも開発されてきました。

そうした人間の特徴を理解する手法の一つに、「CSI（= Communication Style Inventory）」と呼ばれるものがあります。これは日本生まれの手法で、**人を「自己主張の強さ」と「感情が表に出るかどうか」の2つの軸で「4つのタイプ」に分類**することが特徴です。

他の手法が詳細な心理テストを必要とするのに対して、CSIという手法は心理テストなしでも、**直感で人を分類できるように工夫されています。このため、戦略の現場において非常に使い勝手がよい手法**でもあります。

「4つのタイプ」

自己主張が強い

感情が表に出ない ／ **感情が表に出る**

感情が表に出ない	感情が表に出る
専制君主タイプ **コントローラー** **（支配したい）** 単刀直入に結論から 質問せず、教えを請う 報告・連絡・相談する お世辞は効果なし	**自由奔放タイプ** **プロモーター** **（注目されたい）** データでなく夢で説得 相手の能力を褒める 成功体験を語らせる 先発隊となってもらう
求道者タイプ **アナライザー** **（客観性を重視）** 夢でなくデータで説得 ロジカルに計画を語る 専門性を評価する 回答に時間を与える	**縁の下の力持ちタイプ** **サポーター** **（人間関係を重視）** 丸投げせず、一緒にやる まめに関心を示す まめに感謝する 他の皆の賛同を強調

自己主張が弱い

※『図解 コーチング流タイプ分けを知ってアプローチするとうまくいく』
鈴木義幸・著 ディスカヴァー刊を参考に著者が作成。

さらに、こうした心理テストの多くが米国で開発されているのに対して、ＣＳＩは日本人によって生み出されているという点も見逃せません。証明することはできませんが、この手法が、日本人を分類するのに優れているとしても、不思議ではないでしょう。

４つのタイプ❶　コントローラー（専制君主タイプ）

コントローラーは「行動的」で、「自分が思ったとおりに物事を進める」ことを好みます。決断力がある半面、結論を急ぎすぎる面もあり、他人に仕事を指示されることを最も嫌います。また、「人と対面するときに、腕組み、足組みをする」傾向があります。

何事も支配したいと考えていて、「威圧的な態度」をとることが多いですが、正義感が強く、自分の責任にも敏感です。味方になってくれれば非常に頼れるタイプでもあります。「上下関係には、非常に敏感」です。

このコントローラーに対して、**「こちらが相手をコントロールするような素振りを見せるのはご法度」**です。このタイプはトップダウン型の発想をしますから、意見されることを嫌い、逆に自分に教えを請うような人を好みます。人にお世辞を言われると「裏に何かあるな？」と警戒するので逆効果です。

コントローラーを説得するときは**「単刀直入に結論から話し、客観的なゴールを見せ、**

判断は任せる」という形にします。

通常、コントローラーは、知的なゲーム感覚で反論してきます。ですから、**「コントローラーからの反論は堂々と受けて立つ」**という態度を示さないと、戦略プロジェクトは信頼を失うことになります。

結果として戦略の実行について承認を引き出せても、引き出せなくとも、**「報告・連絡・相談」を怠ってはなりません**。さもないと、このタイプは将来、戦略の実行にとって強烈な敵になるからです。

このタイプがリーダーになると、「周囲から恐れられるリーダー」になります。

──4つのタイプ❷ プロモーター（自由奔放タイプ）──

プロモーターは、「他人からの注目」を好み、周囲に影響を与えたいと考えています。自分のオリジナルな部分にこだわり、実際にアイデアが豊富です。「身振り、手振りが大きく、おしゃべり」でもあります。

自分の能力を褒められることを喜び、自らの成功体験を語り始めると止まりません。「社交的、自発的でエネルギッシュ」ですが、「あきっぽく、どんぶり勘定」なところがあります。

プロモーターは**「変化や混乱といった不確実な環境に強く、注目されることをよしとする」**ので、戦略プロジェクトにとっては、特に「序盤戦で、非常に力強い味方になってくれる」ことが多いのが特徴です。しかし、後半戦になってくると、すでに興味が他のことに移っていたりもします。これがすぎると、長期的には、戦略プロジェクトのメンバー間における不和の原因にもなるので、注意が必要です。

プロモーターは、細かいことを考えるのは好きではないので、説得するときは**「ビジュアル・イメージを駆使して壮大な夢を語り、戦略プロジェクトがいかに注目されているかを強調する」**ことが大事です。プロモーターの話は、**「やや大げさにあいづちを2度打つような態度」**で聞くと、プロモーターはきっとあなたの味方になってくれます。

このタイプがリーダーになると「華やかなリーダー」になります。

4つのタイプ❸　サポーター（縁の下の力持ちタイプ）

サポーターはとにかく「人間関係を重視」し、人との争いを好みません。「周囲の人の気持ちに敏感」で、気配りの人でもあります。

同時に、このサポーターは、自分が周囲の人から十分な関心を向けてもらっているかどうかにも敏感で、潜在的には他人からの感謝や愛情を求めています。こうした**「他人から**

の関心が足りないと、サポーターは怒り、攻撃してくる」こともあります。ちなみに、日本人の女性にはサポーター気質の強い人が多いといわれています。

サポーターは、リスクを嫌い、目標や計画に興味を示さないので、戦略プロジェクトそのものへの関心が薄いことが多いです。説得するときは、「**他の多くの社員やメンバーも戦略プロジェクトに賛同を示していることを強調し、完全に権限委譲をしてしまうようなことは避け、常に一緒にやるという空気を示す**」必要があります。

このタイプがリーダーになると、「八方美人な調整型リーダー」になります。

―― 4つのタイプ❹　アナライザー（求道者タイプ）――

アナライザーは「行動の前に多くの情報を集めて分析し、きちんと計画を立てる」ことを好む冷静沈着なタイプです。孤立することを恐れず、人間関係の構築にも相手を慎重に選びます。

アナライザーは粘り強く、最後までやりとげる堅実さがありますが、いわゆる評論家タイプのようなところもあり、当事者意識に欠けることもあります。何か質問をしても、「回答までに熟慮が必要」なので時間がかかります。

このタイプは、戦略の実行において、新しい情報を見つけてきては、「戦略をより堅固なものに育ててくれる人」なので、なんとしてもプロジェクトに巻き込む必要があります。しかし、アナライザーは完璧主義者であることも多いので、戦略プロジェクトの夢を語っても無駄です。説得するときは、**「ロジカルに戦略のポジティブな面とネガティブな面の両方を語り、事実と推測の前提条件をはっきりさせて、なるべく具体的なデータを示す」**ことが必要です。

このタイプがリーダーになると、「教授や研究所の所長、職人の親方のようなリーダー」になります。

◇「4つのタイプ」を活かし、相手を説得する

ちなみに、対角線上にある関係、すなわち**「コントローラー（専制君主タイプ）」**と**「サポーター（縁の下の力持ちタイプ）」**、**「プロモーター（自由奔放タイプ）」**と**「アナライザー（求道者タイプ）」**は、**基本的にお互いの扱いが苦手**です。

ですから、自分と対角線上の相手を説得するなら、自分だけで説得するのはあきらめて、戦略プロジェクト内の、自分とタイプが異なる人にお願いしたほうが無難です。

また、こうした対角線上にある人同士を同じチームに入れるときは、当然ですが、お互

いがぶつからないようにフォローする必要があります。

個々に異なる人間を、たった4つに分類し、それぞれにマニュアル的な対応法を考えるという態度に「危うさ」を感じる読者は、恐らく「アナライザー（求道者タイプ）」です。

このように人間を4つのタイプに分類するという発想は、「医学の父」とも呼ばれる古代ギリシャのヒポクラテスも行っていたという事実に、「へえー、面白そう」と思うのは「プロモーター（自由奔放タイプ）」だと思われます。

CSIは、コンサルタントの間で話題になっていて、意外と多くのプロジェクトで実際に採用されている手法だという話を聞いて、なんとなく安心するのは「サポーター（縁の下の力持ちタイプ）」でしょう。

人間を分類するのなら、すでに自分独自の方法があるから、CSIを知っても、今更特に何も感じないというあなたは「コントローラー（専制君主タイプ）」かもしれません。

ここで伝えたいのは、十人十色ともいう人間を、常に4つのタイプに分類しろ、ということではありません。人間は本来、とても複雑な存在です。ですから、ここで認識してもらいたいのは**「人を説得するときは、相手のキャラクターの特徴や、潜在的に求めるもの**

に合わせて、自分の出方を変える必要がある」ということです。さもないと、説得が失敗に終わっても、「価値観の違い」をその言い訳にすることになるだけだからです。「価値観は人それぞれ」であり、「他人の価値観は基本的に変えることはできない」からこそ、説得したいのであれば、相手の価値観に配慮する必要があります。

まずは、不完全ではあっても、この「4つのタイプ」から始めてみて、それに当てはまらないケースに出合えば、自分なりに方法論を修正し、自分独自の分類方法を作り上げてください。

これは余談になりますが、私は生来のプロモーターです。ですから、人前で話すプレゼン、講義や講演は、学生時代から得意でした。

同時に、冷静な分析（アナライザー気質面）が弱点だったので、長いキャリアを通して、この点を補強してきました。数学者の友達から、何度もプロモーターらしい「いい加減さ」を指摘され、研修やトレーニングプログラムを受講したりもしました。

結果として、分析は私の得意なことの一つになりましたが、それでも今も、アナライザーと仕事をするときには、プロモーターらしい弱点が出てしまわないように注意しています。

ＣＳＩについてより詳しく知りたい方は、『図解　コーチング流タイプ分けを知ってアプローチするとうまくいく』（鈴木義幸著、ディスカヴァー刊）に当たってください。

自分や戦略プロジェクトのチームのメンバーがどのタイプなのかを判定するための診断テスト（簡易版）も付いているので、ツールとしても非常に役に立ちます。

2 組織トップのコミットメントをマネジメントする

組織トップから「戦略の実行に深く関与し、それをサポートする」という約束（コミットメント）を得ることが、戦略家にとっては譲れないポイントです。逆に、こうしたトップのコミットメントなしに戦略の実行が成功したという例を、私は知りません。

ですから、私が大きなコンサルティング案件を受注するときは、必ず、社長かそれに近い立場の方とのコミュニケーションを一番大切にします。

トップというのは、日々多くの重要案件を抱えているので、何か一つのことに集中することはとても困難です。だからこそ、**多忙なトップが長期にわたってコミットメントを示した戦略は競合にコピーされにくい、自社独自の優れたものになる可能性が高い**のです。

逆に言うなら、組織トップからのコミットメントがまったく必要ない戦略というのは、どこの誰にでも簡単にコピーできるものにすぎないということです。

戦略の実行にまで責任を請け負うプロの戦略コンサルタントの中には、トップからのコミットメントが得られない場合、コンサルティングを受注しないと決めている人もいるほどです。

しかし、戦略の実行において、その初期段階からトップの強力なコミットメントが得られるという例もまたレア・ケースです。

なぜなら、多くの戦略はトップ自らではなくて、その周辺の立場にある人々によって立案されることが多く、トップには戦略にコミットメントすることが果たして正しいことなのかどうか、常に迷いがあるからです。

このため、戦略の実行に責任を持つ戦略家には、組織トップのコミットメントをマネジメントし、「プロジェクトはトップのお墨付きである」という状態を確実にキープするという視点が求められます。

組織のトップは、負っている責任も重く経験も豊富なため、先のCSIで見た4つのタイプ分けによる説得の方法だけでは、コミットメントが得られないこともあります。

そこで、組織トップへのアプローチを成功させるために、さらにいくつかの注意点について考えておきます。

◇臆病なトップの場合

このケースが圧倒的に多いでしょう。

途中経過を省いて結果だけ報告をされるとヘソを曲げてしまいます。しかし、逐一細かく報告され、問題に関する指示を仰がれると、プロジェクトが失敗したときに「間違った指示を出した」ということで責任を取らされる羽目になるので、それも嫌います。これが、戦略の実行を見守るときの、現実の組織のトップの態度というものです。

こうしたトップと仕事をする場合、戦略の実行を担当する戦略家としては、トップから常に「王手、飛車取り」を仕掛けられているような気分を味わうことになります。

それでも、戦略の実行においては、組織のトップがプロジェクトを後押ししている（コミットメントしている）という事実が絶対に必要になってきます。戦略家は、なんとしてもトップを巻き込まなければならないのです。

戦略家として、「王手、飛車取り」を回避し、トップを巻き込むための具体的な方法は**「今、○○になっています。これから△△するつもりです」と簡素に報告だけをする**ということです。これで責任にグレーゾーンを作ることができ、臆病なトップとしても、自分が口を挟みたいときにだけ口を挟めるようになります。

周囲から見れば、戦略家と組織のトップは密にコミュニケーションをしているように見えますから、戦略家の意見は、組織のトップの意向であると考えられ、戦略の実行がスムーズになります。

◇勇敢なトップ（ワンマン）の場合

リスクの高い戦略の実行であっても、積極的にそれにチャレンジするトップもいます。俗にワンマン経営者と呼ばれるようなトップが、これに相当します。

こうした「勇敢なトップ」と仕事をするときは、**実行すべき戦略や優れたアイデアは、とにかくトップ自らの口で発言させる**ようにします。ワンマンとは、他人のアイデアが優れていても、それが自分のものでない限りは実行しないからこそワンマンと呼ばれるのですから、この点には十分注意しましょう。

彼らは非常にパワフルですが、自分の行きたい方向にしか進まない水牛のような存在なので、**方向が大きく間違っていない限りは、あまり関わらず、粛々と自分の持ち場で仕事をする**べきでしょう。

それでも戦略家として一つ最も注意したいのは、トップが仕事を抱えすぎないように、権限委譲の誘導をすることです。

こうしたワンマンなトップは、多忙にもかかわらず、とかくすべての問題に絡みたがり、結果として抱える議題の数が、実際にハンドリングできるだけの分量を軽く超えてしまうことが多いからです。

当然、そんなトップは、プライオリティーの高い議題から手をつけるものの、トップの目から見てプライオリティーが低いと認識された議題は、どんどん先送りされます。

ところが、こうして先送りされる議題の中には、トップからすればプライオリティーが低くとも、その部下や特定の人材にとってはボトルネックになっている、非常にプライオリティーの高い議題もあります。

戦略は、ある一定の未来予測に基づいて立案されるものです。未来予測というのは、それが長期化すればするほど、予測の不確実性が上がるというのは先に述べたとおりで、**戦略の実行計画に遅れが出ることは、それだけで戦略が成功する可能性が低くなること**なのです。

難しいことですが、こうした戦略の実行におけるタイミングの重要性を強調し、案件の一部は部下に任せるようトップを説得しなければなりません。

◇誰がトップかがわからない場合

日本の大企業では、組織のトップでも実権があまりなかったり、あいまいな役職がたくさんあって、誰が何に対して責任を取るべきなのか明確になっていないケースもよくあります。

こうした場合には、組織の社内政治に着目し、コミットメントをもらった有力者からの紹介をルートにして、紹介の紹介を次々とたどっていくという方法で、コミットメントの輪を広げていくしかありません。

こうして明らかになる、**非公式な社内コミュニケーションのネットワークは、「社内政治マップ」という究極のウエット情報**で、日本の大企業に関する情報としてはとても貴重なものです。

注意したいのは、こうした誰がトップだかわからない組織では、プロジェクトが大々的に社内で宣伝される前に、必ずできる限り多数の有力者から、プロジェクトへの協力を

「暗黙の了解」という形で取り付けること（十分な根回し）が求められるという点です。

こうした有力者への根回しが、全社員向けにプロジェクトの概要を報告する社内メールのあとになるのは、味方になるはずだった有力者を、わざわざ敵にまわすような最悪の行為となってしまいます。

選挙の前に行われる世論調査の結果に関する報道は、実際の投票行動に影響を与えるということがわかっています。「賛成派が優勢である」という十分な根回しをしたあとに、戦略プロジェクトへの協力を広く依頼することには、きちんとした根拠があるのです。

3 組織内で、危機感と希望を共有する

マキャベリは『政略論』の中で次のように言っています。

思慮に富む武将は、配下の将兵を、やむを得ず闘わざるを得ない状態に追い込む。

戦略を実行するということは、現状を変えることでもあります。変化を受け入れることは、自分の将来の不確実性が高まるということですから、誰にとっても怖いものです。これは、戦略を実行するチームの主要メンバーであっても同じことです。

そんな人間を、エイヤッという気持ちにさせるのは「**現状維持のほうが、戦略を実行するよりも危険であり、かつ変化の先にはまだ希望（もしくは利益）がある**」と**認識したとき**にほぼ限られています。

名門ＩＢＭを存亡の危機から救い上げた90年代を代表する経営者ルイス・ガースナー氏

は著書『巨象も踊る』（日本経済新聞社）の中で次のように述べています。

IBMの再建はすべて、実行にかかっていた。犯人探しをやめ、社内の構造や制度をいじるのをやめなければならない。弁解は聞きたくない。奇跡的な一発逆転を狙った長期プロジェクトなど必要ない。わたしが求めていたのは——そしてIBMに必要なのは、いまが危急存亡の秋《とき》という自覚だった。

いかに戦略プロジェクトに反対するような人でも、事実をベースにしつつ、迫り来る危機の現実を語りかければ、心の中に「このままではマズイのかもしれない……」という変化を起こせます。また、危機を語るときの誠実な態度からは、危機を乗り越えられる希望も見えるでしょう。

戦略家は、そうした小さな変化を積み重ねることで、最終的には組織全体に大きな変化を起こしていきます。

◇情緒に訴え、既得権をはがしていく

現状の維持とは、これまで築き上げてきた「既得権」にしがみつくということです。

ちなみに、行動経済学の権威、友野典男教授（明治大学）によると、既得権のようにすでに保有しているものは、それを失うとき、手に入れたときの7倍もの価値に感じられるのだそうです（『週刊東洋経済』２００７年12月15日増大号「規制緩和はなぜ抵抗されるのか」による）。

それだけに、既得権をはがしていくという戦略家の戦いは、ロジカル一辺倒では不十分です。危機を強調しながら、希望を効果的に見せることで、人の情緒的な部分に訴えることにも力点を置く必要があります。

コラム

魔法の数字7±2

認知心理学の世界でとても有名な人間の記憶に関する理論に、ジョージ・ミラー(プリンストン大学)による「魔法の数字」と呼ばれるものがあります。

人間の記憶には、数十秒程度の短い間だけの記憶である短期記憶と、長期間にわたる記憶である長期記憶があります。「魔法の数字」とは、この短期記憶に関する理論で、人間がある「意味のまとまり（チャンク）」をパッと見せられた場合、だいたい7個（±2）までしか短期記憶化できないということを明らかにした理論です。

これは、認知心理学という分野が発展するきっかけを作ったとても有名な理論なのですが、ビジネスパーソンには意外と知られていません。

戦略を伝えるプレゼンなどを作成する場合は、この「魔法の数字」を考慮に入れて、章やトピックの「数を整える」ことは、とても重要なノウハウです。

全体の章数は少なめにし、各章の項目数も魔法の数字に配慮することで、プレゼンの受け手は、瞬時にロジックの全体像をつかむことができるからです。

さらに、章や項目が少ないということは、論点が絞られているということでもあり、個々の論点は繰り返し議題にのぼります。そして、この「繰り返し」というアクションは、短期記憶を長期記憶化するときのエッセンスでもあるので、結果として、そのプレゼンは受け手にとって鮮明な記憶となる可能性も高くなります。

実は、前著『はじめての課長の教科書』も、本書『あたらしい戦略の教科書』も、どちらも章数、各章で取り扱うトピックの数や、箇条書きにするときの項目数などにおいて、読者の短期記憶に残るように、この魔法の数字を配慮しつつ執筆しています。

4 情熱の伝染を起こす

漱石は『草枕』の中で「智に働けば角が立つ。情に棹させば流される。意地を通せば窮屈だ」という名言を残しています。

ただロジックで押すばかりでは、人と衝突してしまいます。反対に、相手の立場や気持ちを考えすぎると、流されてしまいます。かといって意地を通そうとすれば、結果として孤立してしまい、目標はとても達成できません。

この「ロジック」「相手の気持ちを考えること」「意地」は、それぞれ戦略の実行のために必要なものです。しかし、この3つのバランスばかり考えてオロオロしてしまうと、解決策のない袋小路に入り込んでしまいます。

戦略の実行においては、多くの場合、どうしても他人を巻き込まなければなりません。

そのときに最も有効なツールとなるのは、「ロジック」でも、「相手の気持ちを考えることと」でも、「意地」でもありません。それは、戦略実行プロジェクトへの共感を生み出す「情熱」です。

ある人の「熱い気持ち」は、別の人に伝染することで、想像を絶する効果を発揮します。しかし、ただ「熱い」だけの人では、「情熱の伝染」を生み出すことはできません（何かとすぐに熱くなる私には、恥ずかしいことに、この点に関しては非常に多くの失敗談があります）。

こうした「情熱の伝染」は、もちろん自然と起こることもあります。しかし、少なからぬ場面で、情熱は伝染することなく、自分の中だけで空回りしてしまいます。これはなぜなのでしょうか。

◇「情熱」はなぜ空回りするのか？

情熱のベースには、正義感があることが多いものです。

ところが、この正義感というのが曲者です。正義の旗を高らかに掲げるということは、批判されない安全地帯で、自分だけが目立つことにつながるからです。

いじわるに言えば、人間の正義感とは、「自らが十分に世間から認められていない」という「不遇感」を埋め合わせるために発露することが多々あるのです。

現実に、たとえ言語化はできていなくとも、多くの人は情熱的に正義を語る人には注意が必要だ（むしろ信じられない）ということを、暗黙のうちに知っています。

このため、経験のある大人というのは、他人の掲げる「正義なるもの」に懐疑的になるのがデフォルトなのです。テレビカメラの前で正義を訴え、激しく泣いてみせる人物は、信用ならないわけです。

◇情熱の伝染に言葉はいらない⁉

歴史的な演説は別にして、どうも、この情熱の伝染というのは、言葉によっては起こりにくいという特徴があるようです。

他人に対して、自分の熱い思いを伝えるためには、**正義感をベースにした情熱のコアそのものを語るようなことはむしろ避ける**必要がありそうです。それは、言葉ではなく、自らの行動や態度で示さないと伝わらないように思います。

これは、子育てを考えると、より身にしみるかもしれません。

いかに親が情熱をもって子供に何かを伝えようとしても、それが言葉である限り、子供には響きません。子供は親の行動を見て育つのであり、言葉によって育つのではないという認識が必要でしょう。

同じ認識が、戦略を推進しようとする情熱を多くの人に伝えようとする戦略家にも求められます。**近道はないと覚悟を決め、あきらめず、愚直に戦略の実行に当たる**ことが、結果としては、情熱の伝染を起こすための最短コースだということです。

◇イルカの曲芸が感動を呼ぶ理由

イルカの曲芸を見て感動したことのある読者は、多いのではないでしょうか。イルカに、あそこまで高度で複雑な芸を仕込むというのは、トレーナーによる綿密な計画（戦略の立案）と、粘り強い働きかけ（戦略の実行）の結果にほかなりません。

イルカは頭がよいから芸を仕込むのは簡単だと考えているなら、それは誤解です。イルカと同様に頭がよい動物とされる犬に芸を仕込むことの難しさを、体験的にご存じの方も少なくないはずです。

イルカ調教の現場は、細かいステップに分けられた学習のプログラム（心理学では「オペラント条件づけ」と呼ばれる方法）を、イルカとトレーナーが二人三脚で一つずつ失敗を繰り返してはクリアしていくという壮絶なものです。まさに戦略実行の現場です。

このとき、トレーナーに情熱がなければ、イルカはトレーナーの言うことを聞かないであろうことは想像に難くありません。しかし、トレーナーは言葉を使って情熱をイルカに伝えることはできないのです。

そんなことを考えるとき、なぜ、人がイルカの曲芸を見て感動するのかがあらためてわかるような気がします。

曲芸のすばらしさに魅せられるのはもちろんですが、それ以上に、完成されたイルカの曲芸から、トレーナーの曲芸への情熱が感じられ、そのことに感動するのではないかと思うのです。

観客席で、イルカとトレーナーの間に築かれた強い信頼関係を感じ、それに心から拍手を送るとき、確かに筆者は、トレーナーの情熱を伝染させられています。

5 組織内に「やさしい空気」を作り出す

組織トップや戦略家にとっては待ったなしで「当然やるべきこと」も、それを実行される現場にとっては、痛い虫歯をグリグリいじられるように感じるかもしれません。それが必要だと理解できたとしても、実際にそうされるのは嫌なのです。

しかも、命令する人間が、現場の痛みを理解しないならば、なおさら戦略の実行はうまくいかないでしょう。

戦略に関わる組織の皆が、それぞれに異なるお互いの立場や考え方を積極的に理解しようとしなければ、戦略の実行はうまくいきません。

◇相手を理解したい気持ちを態度で示す

実際に他人を理解するのは、非常に難しいことです。でも、相手のことを理解したいという気持ちを態度で示すことは、誰にでもできることです。

組織内の皆が、**お互いのことを「実際に理解しているか」ではなく、「理解しようとしているか」が決定的に重要**なのです。

一見聞いているようでいて、実際には反論の機会を探しているような人ばかりで構成されている組織が行き着く先は、決して誰もがホンネを言わない組織です。

結果として、そこには「無言の圧力」が生まれ、誰も明確に反対という意思を表明しないにもかかわらず、戦略の進行はストップしてしまうのです。

「なんで誰もハッキリと言ってくれないんだ！」というのは、他人の話を聞くことができない人に共通する嘆きなのです。

お互いを理解しようとしている組織では、皆がお互いの言い分をオープンな気持ちで聞くことができ、そこには「やさしい空気」が作られます。そんな「やさしい空気」には、次の3つの作り方があるかと思います。

やさしい空気の作り方❶　笑う

戦略の実行においては、組織の各所で人間関係に摩擦が発生し、戦略に関わるすべての人のストレスのレベルを押し上げることになります。

真剣に仕事に取り組んでいるからこそ、それぞれのメンバーには「戦略の進め方」に関して譲れない点が多く生まれ、ぶつかり合いが生じます。

戦略の実行を指揮した経験の少ない人は、こうした真剣なぶつかり合いを目にすると、皆が真剣に仕事をしているという事実に感動してしまい、プロジェクトの成功を確信したりもします。

実際に、歯に衣着せぬホンネのぶつかり合いが起こることは、プロジェクトを成功させる必要条件ではあります。しかし、ぶつかり合うだけではストレスが増大するばかりで、まったく不十分なのです。

人間の自律神経には、不安、怒り、緊張などが生じたときに活性化する「交感神経」と、安らぎなどが感じられたときに活性化する「副交感神経」があります。

このバランスが交感神経のほうに傾いているときにストレスが発生し、副交感神経のほうに傾くとストレスが発散されるそうです。そして「笑う」という行為には、このバランスを副交感神経のほうに傾ける効果があります。

哲学者アランが『幸福論』の中で「笑うのは幸福だからではない。むしろ笑うから幸福なのだ」と述べていますが、それには科学的な根拠が見つかりそうだというわけです。

戦略家は、「ぶつかり合うことの大切さ」ばかりでなく、「リカバリーのための笑いの重要性」を理解する必要があります。あなたが戦略をめぐって対立している政敵ですら、将来最も頼りになる友人になるかもしれません。実際に、そうしたことは非常に多くあることです。

「笑う」という行動のルーツは、動物が毒を吐きだすときの口の形だという説があるぐらいです。**自分とは遠いと感じられる人と一緒にいるときこそ、お互いに笑い合う機会を設け、そこで毒を出しておくことが大切**なのです。

やさしい空気の作り方❷　「やわらかさ」を取り入れる

顧客にどうしても厳しい話をする必要があるときは、チームの中で、最も「ほんわか」した雰囲気を持っている女性に話をさせるといい、という話を聞いたことがあります。

私の経験上は、プロジェクトに女性が数名入るだけで、全体の空気がやわらかくなり、ぶつかり合いがあっても、その修復がうまくいくように思います。とは言え、やわらかさとは、すなわち女性というわけではありません。

たとえば、仕事場の雰囲気やプレゼンテーションの色使いなどに「やわらかさ」を取り入れることによっても、人の気持ちは少しだけやさしくなります。また、はっきりとした根拠はないようですが、あたたかい色（暖色）には、人間の集中力を高めたり、気持ちをほぐしたりする効果があるという意見もあります。

冷たくなりがちな戦略の現場では、仮に根拠が不十分でも、これを使わない手はないでしょう。

―やさしい空気の作り方❸ 相手の「心」を聞き取る―

組織というのは、話のうまい人ばかりで構成されているわけではありません。仮に、話の内容はよく理解できなくとも、その人が話すときの態度で、その内容が重要なのかどうかを見分けることはできると思います。

重要な話だと感じたときに、「真剣に聞いている」という態度が取れるかどうかで、戦略家の真価が決まります。そういう人のところへは、ウエット情報が必ず集まってくるからです。

その意味で、実際に話をしてみれば、その人が戦略家として優れているかどうか、ある程度までは予測がつくのです。

真剣に聞くだけではダメです。メモを取るなり、相槌を入れるなりして、相手に、こちらが真剣に聞いているということが伝わらなければなりません。そうすれば、あなたが相手を受け入れる程度に応じて、相手もあなたを受け入れてくれるようになります。

6 戦略の実行に反対する人々との戦い

1937年の発売以来、邦訳版だけでも440万部を超えるベストセラーとなったカーネギーの『人を動かす』（創元社）は、何人もの人を殺した凶悪犯ですら、自分の行為は正しいものであると信じて疑わなかったという話から始まります。

こちらからすれば**相手が100％間違っているように思えたとしても、相手は決してそうは思っていません。**こうしたとき、「どちらが間違っているか」を議題にして、仮に相手を徹底的にやっつけたとしても、無駄に相手の自尊心を傷つけてしまう結果に終わるだけです。

◇戦略の実行に反対はつきもの

ある人にとってはぜひとも実行したい戦略も、別の立場からすれば、とてもその気になれないということが、どのような戦略実行のケースでも発生します。

まずは、**対立が生まれることは、戦略実行における宿命だと認める**ことが、戦略家として当然の心構えです。ここで驚くようでは、戦略の実行を指揮することは不可能です。

戦略家は、こうした対立による影響を、いかにして小さくするかが問われます。本質的には、いかに**相手側が厳しい態度を取ろうとも、こちらは、反対派を決して遠ざけないという態度が鍵**となります。

実際に戦略の実行段階に入ると、戦略の立案段階までは非常に好意的に協力してくれていた人々が、いきなり戦略の実行に反対を表明することがあります。

戦略の実行に対して明確に反対を表明する人に対しては、まずは予算と人事権を持つ組織のトップから説得してもらうことが第一歩ではあります。

しかし、一般にトップダウン型の組織が多いともいわれるアメリカですら、CEOの80%までもが「組織が自分の思いどおりに動いてくれない」と考えており、現実にはトップの説得だけでは不十分であることが多いのです。

特にトップの政治力が弱くトップダウンがききにくい組織や、組織が大きすぎてトップの声が現場まで伝わらない組織においては、戦略に反対する人は非常に手ごわい敵になりがちです。

さらに、実行すべき戦略に、人員の削減など、誰にとっても明らかな不利益が含まれる場合には、戦略に反対する人々が勢力化し、それが巨大化することもあります。

とにかく、その数が多くても少なくても、戦略に反対する人の全員を相手に戦うことは不可能である場合が多く、また全員を説得できると考えるのも甘すぎます。

人間同士、話し合えばきっとわかり合えるという希望自体は捨てることはありません。しかし、**現実問題として「どうしても理解が得られない人」というのが、戦略の実行においては、ほぼ例外なく現れます。**「どうしても理解が得られない人」が増え、それが一大勢力になってしまうと、戦略の実行は著しく遅れることになります。

◇「彼ら」という表現を封印する

ここで大切な視点は、**どうしても理解が得られない人同士が連携して、一大勢力となることを防ぐ**ことです。また、仮にそうした理解を得られない人々がすでに小さくとも勢力となっている場合は、その分断を考える必要があります。

注意するべきなのは、そうした「人々」が最も勢いづくのは、自分たちが「抵抗勢力」

であると戦略家から認められること、すなわち「彼ら」という突き放した表現で呼ばれることです。「彼ら」という言葉が聞き漏れてくれれば、「戦略に反対している人々が、グループとして活動している」ということが、意図せずともプロジェクトの内外で広まることになります。

たとえそれが真実でなくとも、言葉には「あの会社は危ない」と言えば、皆がそう思って、実際にその会社の株価に影響が出てしまうことがあります。これと同じように、それが発せられるだけで自分にとっては不利益になることもあります。まさに言霊なわけです。**本当に優れた戦略には、「私」と「あなた」という戦略の当事者しか存在しない**ものです。実際には「彼」や「彼女」からの理解はどうしても得られないかもしれません。そうした「人々」には孤立してもらわないと、プロジェクトはどうしても進まないことになります。いずれにせよ、優れた戦略には、「彼ら」という人々は存在しません。

◇反対する人々を孤立させる2つの方法

ひとつめは、戦略に反対する人の中で**最も「声の大きな人」を個別に説得する**方法です。これにより、そうした人の周囲にいるような「取り巻き」は精神的な支柱を失い、自然とバラバラになります。

ただ、こうした声の大きな人は交渉力が高く、非常に手ごわい相手であることが多いものです。とは言え、一度落としてしまえばあとが楽になる、スピーディーで交渉の効率が高い方法でもあります。

ちなみに声の大きな人は、取り巻きの前ではメンツもあり勢いが増すので、説得は必ず一対一で行うようにします。

2つめは、声の大きな人がどうしても説得できない場合の方法で、そうした**「声の大きな人」の取り巻きを個別に説得し、「声の大きな人」を孤立させる（外堀を埋める）**方法です。

多くの場合、声の大きな人材はすでにある程度の地位にあることが多く、現場が戦略を押し進め始めれば、実行上は何もすることができなくなります。

取り巻きがいなくなった段階で再度、声の大きな人のところに行くと、意外とすんなり説得に応じてくれることもあります。

◇戦略に反対する人の問題解決を考える

戦略に反対している人も、ビジネスでなんらかの問題を抱えているものです。そうした問題を解決してあげることで、**相手に「貸し」を作り、戦略に反対するときの「心のバネ」をくじく**ことが可能です。

相手の問題を解決してあげたあとは、相手にすぐＹＥＳと言ってもらえるような小さなお願いから始めて、その後「お礼に食事でも」という流れで仲良くなり、いずれ大きなお願いにつなげていくという、段階的なアプローチが有効です。

7 戦略の実行に使えるノウハウ集

ノウハウ❶　アドバイスは最小限とする

戦略実行の責任者は、個々の戦略アクション・プランを担当する人々と、プランの進行状況などについてブリーフィングを持つ機会が多くあるはずです。そうしたときに、責任者として、ついついアドバイスをしたくなることがあります。

しかし**アドバイスは、たとえ的確なものだとしても、まず採用されない**という現実を知っておくべきです。

他人からアドバイスされることが心の底から好きだという人は少ないものです。仮にそのアドバイスが興味深いものであっても、自分の無能を指摘されているような気になってしまうからです。それに、すでに自分も考えていたことをアドバイスされると、なんだかばかにされているようにも感じます。

戦略家は、**相手のメンツに十分な配慮をし、相手が自らの問題点に気が付くようにアレンジする**必要があるのです。

ノウハウ❷　非公式に朝のブリーフィングを行う

最長でも5分と決めて、朝のブリーフィングを行うことは非常に有効です。会議室などは使わないほうがよく、給湯室の前でお茶でも飲みながら、立ったまま行うことをオススメします。

関係者全員で毎朝顔を合わせることは不可能ですから、朝のブリーフィング用のペア（ブリーフィング・パートナー）を作り、それぞれが**ブリーフィング・パートナーと毎朝5分だけ、お互いの戦略実行プランの進行状況と、今日やることを話し合う**とよいでしょう。

これによって、悪い情報が隠されることが少なくなり、またメンバーのやるべきことも、非常にスッキリします。

ノウハウ❸　仕事の割り振りには、手を挙げさせる

仕事を割り振るときは「この仕事を引き受けてくれる人」と聞くのではなくて、「この仕事をやりたい人」と聞き、どんどん手を挙げさせます。

この方法によって、戦略プロジェクトには頼まれて参加しているのではなく、**皆が自らの判断で参加しているのだという事実を作る**ことができるからです。

とは言え、専門性やスキルなどの面から考えれば最適と思われる人が、必ずしも「この仕事をやりたい」と思ってくれないこともあります。あるいは、興味を持っていたのに、別の人が手を挙げてしまったので、仕方がないと考えていることもあります。

この場合は、手を挙げた人のサポートを、そうした人にお願いするとよいでしょう。

——ノウハウ❹　進行状況をマラソンにたとえる——

戦略の実行段階を「マラソンだったら、今何キロ地点？」という具合に質問し合うことをオススメします。全体の進行状況を大まかに把握することができるだけでなく、このつらい仕事にはゴールがあるのだということを皆で認識できるからです。

プロジェクトの進行状況は、「どれだけ達成されたか」ではなく、「あとどれだけ仕事が残っているのか」という視点で把握するべきものです。そうした意味で、あとゴールまで何キロ残っているかが気になるマラソンというのは、戦略の実行プロジェクトをたとえるのに適しています。

とは言え、「百里の道も九十里をもって半ばとす」という視点も忘れてはなりません。

ノウハウ❺ プロジェクトの成果は政治的なツールとする

戦略の実行においては、大小様々な成果が出ることがあります。

そのとき、決してその成果を戦略家自身のものとしてはなりません。成果とは、戦略を実行するための政治的なツールなのです。

戦略の実行に寄与した人の中でも、最も政治的に遠い立場にある人の手柄とすることで、相手に心理的な「貸し」を与え、協力者の幅を増やす、などといった使い方をします。

信頼感で深く結びついている上司と部下がお互いを立て合うような場合とは異なり、協力的でない人に自分の成果を渡してしまうというのは、心理的にはなかなかつらいものです。

しかし**戦略家にとっての楽しみは戦略全体のドライブであって、成果とは政治的なツールにすぎないものだと割り切ってしまうことが重要**です。

コラム

カーナビに学ぶ戦略の実務

「あと200メートルで、左に曲がります」

あーっ! 本当はさっきの交差点で左折しなければいけなかったのに、通り過ぎてしまいました。でもカーナビは、「なんであそこで曲がっておかなかったんだよ!」などとは言いません。カーナビは優しいのです。

カーナビは、過去通った道筋のことは完全に忘れて、いつでも目的地への最適なルートを再計算しようとします。カーナビは愚直でもあります。

計画どおりに進まないのが仕事というものです。ですから計画を遅らせた過去の失敗に固執して、チーム内で犯人探しをするようなことは無意味なことです。

もちろん同じ失敗が繰り返されるような場合は、「ハインリッヒの法則」から構造的な問題の存在を疑わなければなりません。ですが、とにかく目的地に到達したいのであれば、「さっきの交差点」をバックミラーでいちいち確認したりしていないで、チームは、常に目的地までの新しいルートを再計算することに集中するべきでしょう。

「あれ？　こんなところに新しくレストランができたんだ……」

うっかりカーナビのルートをはずれてしまうのも、ときには新しい発見があってよいものだと感じたことがある人も多いでしょう。

実は、バックミラーで追いかけることをやめるべきなのは「過去の失敗」ばかりではありません。「成功体験」もそうであるという点は見落とされがちです。イノベーションを生み出すためには、小さな成功を積み上げるだけでは不十分です。ときには過去の成功体験を忘れて、新しいことに取り組む姿勢も必要となります。

もちろん、過去の失敗や成功にいつまでもとらわれていても仕方がないのは、仕事ばかりではなくて、キャリアの面でもまったく同じことが言えます。何事も過去にはなるべく目を向けず、いつもフレッシュな気持ちで、今与えられているポジションから、状況の改善を目指してベストを尽くすという姿勢が重要なのです。

せっかく手に入れた資格や地位を投げ打ってでも、新しい何かにチャレンジできる人というのは勇気と信念のある、本当に強い人だと思います。

今という瞬間は、誰にとっても人生で「最も若い瞬間」です。未来を決めるのは、今の選択です。その選択を、少しでも優れたものにするために、「戦略とは何か」を正しく理解し、活用していくことが大事だと思います。

本章のポイント

戦略実行の方法

戦略の成功には、周囲の多くの人を説得することが欠かせない。そのためには相手の価値観や考え方に合わせた説得方法を取る必要がある。

組織のトップは戦略にコミットメントすることを迷うものだが、戦略チームはトップを巻き込み、戦略は「お墨付き」であるという状態を確保する必要がある。

変化を受け入れさせるには、危機を訴え、希望を効果的に見せることで「現状維持のほうが危険であり、変化の先には希望がある」と認識させるとよい。

他人を巻き込むために最も有効なのは「情熱の伝染」である。情熱は言葉では伝わりにくい。実際の行動や態度で表現するべきである。

戦略の実行につきものである「現場の痛み」「人間関係の摩擦」「ストレス」を減らすためには、お互いを理解しようとする「やさしい空気」を作り出すのが有効だ。

戦略に反対する人を「抵抗勢力」と認知し、遠ざけてはならない。反対する人には個別に説得に当たり、それぞれを孤立させなければならない。

戦略の実行においては5つのノウハウがある。
①アドバイスは最小限にする、②非公式に朝のブリーフィングを行う、③仕事の割り振りでは自分から手を挙げさせる、④進行状況をマラソンにたとえる、⑤プロジェクトの成果は政治的なツールとする

第6章

戦略コンサルタントになる

人生は、10速ギア付きの自転車だ。
誰にでも使ったことのないギアがある。
——チャールズ・シュルツ（漫画家）

戦略コンサルタントは、一般には、マッキンゼーに代表される戦略コンサルティング企業に所属している戦略家のことを指す言葉です。

とは言え、戦略コンサルタントは、なにも、それを専門に扱う会社にのみ存在するのではありません。戦略コンサルティング・スキルという人材の能力レベルにもその名前が出てくるとおり、ビジネスパーソンの「役割」としての認知も広がってきています。

本章では、戦略コンサルタントとして活躍するための基本的な条件について考えてみます。

1 戦略コンサルタントとは？

過去、マッキンゼーの東京オフィスおよびニュージャージーオフィスに勤務し、世界的な人事コンサルティング企業であるマーサー ジャパンの代表取締役社長でもあった古森剛氏は、戦略コンサルタントのあるべき姿について、示唆に富むアウトプットをされています。本章の記述は、その多くを古森氏の知見に頼っています（個人的に、古森氏が、私のメンター／ロールモデルと呼べる存在であることが、この背景です）。

さて、古森氏はまず、プロフェッショナル・ファームを、次のように定義しています。

クライアント企業・団体の組織マネジメント体系の外側に立ち、善意の第三者として客観的な目線と心構えを持ち、高い専門性・知見・行動力・人間力を総合的に動員して、外部者ならではの付加価値を再現性を伴って提供できる稀有な存在。

戦略コンサルティング企業も、弁護士事務所や会計事務所のように、プロフェッショナル・ファームの一つです。この古森氏の定義における「高い専門性」のところが戦略の立案と実行に関するものであれば、それが戦略コンサルタントというわけです。

◇戦略コンサルタントに期待されること

ときに、戦略コンサルタントは、広く世間から批判の対象となることもあります。それは、戦略コンサルタントが重要な仕事を任されていることの証拠でもあります。その仕事が失敗すれば、当然、大きな批判を食らうことになるわけです。

だからといって「戦略コンサルティングなどいらない」という話にはなりません。

もちろん、戦略コンサルタントを使わないで高い業績を上げる組織も存在します。しかし、そうした組織であっても、社内に、戦略コンサルタントの仕事をする専門家なり、リーダーなりが必ず存在しています。

戦略コンサルタントはいらないかもしれませんが、戦略コンサルティングのスキルを持った人材は必要なのです。

では、顧客（社内顧客を含む）は、戦略コンサルタントから何を得ているのでしょうか。顧客から見たとき、戦略コンサルタントがもたらす効果として期待しているのは――

(1) 貴重な情報にアクセスできること
(2) 事業の実行速度が高まること
(3) 事業が生み出す成果物の質が高まること
(4) 事業目標の達成確率が高まること
(5) 各種のリスクを低減できること

といったことです。

戦略コンサルタントが提供するのは、これら5つの項目にまとめられるのですが、もう一つ、とても重要な価値があります。

それは、**共に働く顧客の知的な成長をうながし、その顧客の戦略コンサルティング・スキルの向上に貢献する**ということです。すなわち、いつかは共に働く顧客が戦略コンサルタントの持つスキルを会得し、結果として、戦略コンサルタントを使うことから「卒業」できるようにするということです。

もちろん、何か課題があったときに、顧客に頼ってもらえることは戦略コンサルタントの喜びです。

とは言え、本当に顧客のことを考えるのであれば、顧客と常に一緒にいることはできない**戦略コンサルタントの最終的な目標は、顧客が自分なしでも十分に高い業績を出せること**でしょう。そうした意味で、優秀な戦略コンサルタントでありたいならば、顧客を自分の力から「卒業」させることを目標とすべきなのです。

2 戦略コンサルタントの「原点」

基本的な資質として、戦略コンサルタントには「**ケアの精神**」が求められます。「ケアの精神」こそが、戦略コンサルタントの「原点」です。

◇主体は常に顧客

「ケアの精神」を具体的に表現すると――

- **目の前のクライアント（個人）の立場・境遇を、想像・推察することができる**
- **声にならないニーズや懸念を感じ取ることができる**
- **「今はよくても将来困るでしょ、こうしなきゃ」という思いで接することができる**
- **「あの人どうしてるかな、うまくいってるかな」という気持ちで訪問できる**

・困っているクライアントを、「助けたい、何とかしてあげたい」と思える
・クライアントから「ありがとう」と言われることが〝究極の報酬〟と感じられる

といったことになります。

この「ケアの精神」がない戦略コンサルタントは、一時的には注目されることもあるかもしれませんが、長期的には淘汰されることになります。

戦略コンサルタントの仕事は、その内容だけに着目すれば、「先生」と呼ばれるようなものです。だからこそ、そう呼ばれて恥ずかしくないだけの専門性を持つ必要があります。しかし、それだけでは不十分です。なぜなら、顧客との関係性においては、戦略コンサルタントは「顧客にお金で雇われている存在」にすぎないからです。

戦略コンサルタントは、あくまでも顧客に奉仕（ケア）する存在であり、主体は常に顧客であるということを忘れてしまえば、その時点で「ただの物知り」に成り下がります。戦略コンサルタントにとっての「ケアの精神」の重要性がおわかりいただけるでしょう。

◇戦略コンサルタントの落とし穴

特に戦略コンサルタントは、経営レベルの抽象度の高い思考が求められるため、ともすれば現場レベルの思考をないがしろにしがちです。

ここで足下をすくわれる戦略コンサルタントは多く、それが戦略全体の失敗につながってしまうケースがあります。

戦略コンサルタントは、複雑な情報をモデル化してシンプルに考え、それを測定・モニタリング・管理できるように数字に落とし込むことが仕事です。

だからこそ、この仕事には、複雑で細かいことが必ず抜け落ちるという運命的な欠点があります。

しかし、**実際にこの世界を動かしているのは、複雑で細かいことをないがしろにしない「現場」**なのです。そうした、プレゼンテーションの中には盛り込まれない「現場」へのリスペクトが欠けてしまえば、結果として「現場」を敵にまわすことになり、いかに優れた戦略を立案したとしても、その実行は必ず失敗することになります。

戦略コンサルタントがいなくても、この世界はまわります。

しかし「現場」がいなければ、この世界はまわりません。本当の意味で偉いのは「現場」であり、いかに高い付加価値が出せる戦略コンサルタントであったとしても、そうした付加価値は「現場」の存在に依存しているということを忘れてはならないのです。

3 優れた戦略コンサルタントに求められる思考力とは？

まず、戦略コンサルタントとして働くためには、複雑にからみ合う情報を体系的に整理して、現在地が、「なぜ」そうなっているのかを明確に示す「ロジカルな思考」が必要です。しかもそれは、一般の方よりも高いレベルで熟練していなければなりません。

しかし、「ロジカルな思考」は、必要条件にすぎません。

◇仮説構築力がコンサルタントの優劣を決める

戦略コンサルタントの優劣を決めるのは、情報を得る前から、「こうなっているのではないか？」という仮説（類推）を立てる力です。そして高い生産性を出すには、こうした仮説が、かなりの確率で当たっていることが求められます。

この力を別の言葉で言うなら、**様々な事象をシステムとしてとらえ、個別バラバラに見**

える事象の中に、「こうしたら、こうなる」という因果関係を見出す「想像力」と言ってもよいのかもしれません。

「想像力」というのは、キャリア論や人材アセスメントにおけるバズワードでもあります。上司や先輩に「想像力」が足りないとか指摘されて、「そんなことはないぞ」と感じたことがある読者も多いのではないでしょうか。

こうした認識のズレは、要するに定義の共有ができていない（組織における共通言語化が進んでいない）ことが原因で発生するのが常です。

ビジネスに求められる「想像力」というのは、要するに、「次に起こることを、どれくらいリアルに考えることができるか」ということです。これは、一般に使われる、芸術に関連するような「想像力」とは意味が異なるので、注意が必要でしょう。

実際に、戦略コンサルタントのケースに限らず、ビジネスにおけるジュニアとシニアを分けるのも、まさに「次に起こることを、どれくらいリアルに考えることができるか」の差、すなわち「想像力」の差です。

ジュニアは、様々な企画を無邪気に生み出すことはできても、その実現のために必要となるステップや各種リスクに関して「想像力」を働かせることができなかったりします。

結果として、妄想や夢想に近い企画を立てて、失敗することにもなります。

これに対して、シニアは、過去の痛い経験などを通して、企画の実現に必要となるステップを「リアルに」考え、そこで起こり得るトラブルやチャンスを「リアルに」想定しつつ、その企画の実現可能性を正しく見積もることができます。

このような、ビジネスに求められる「想像力」は、何よりもまず、自らの経験から得られるものです。同時に、ビジネス・スクールにおけるケース・メソッド（事例学習）や、各種ビジネス書、経営学書などに学ぶことでも鍛えることが可能だと思います。

◇想像力が発想を妨げる⁉

ただし、この大きな変化の中にある現代社会においては、この「想像力」が、かえって自由な発想の邪魔になることがあります。

そもそも、過去に正しかったことが、将来には間違いになることがあるわけで、へたに「想像力」を働かせるとよくないケースもあるということです。この逆説をキャッチーな言葉にすると、**「未経験という資産」**といったところでしょう。

一般に、未経験であることは悪いこととされます。経験がないと、その業界や分野において「想像力」を働かせることができないからです。

しかし、だからこそ、常識にとらわれない、新しい考え方を生み出すことができたりもするし、チャレンジする気持ちが保てたりするのでしょう。

組織が成熟し、シニアが数的に大きくなっていくことのリスクはここにあります。シニアが増えると、現実的で、実現可能な企画が立案されます。しかしそれは、面白みに欠ける、イノベーションとはならないものだったりもするわけです（もちろん例外もたくさんありますが）。

戦略コンサルタントが、第三者として顧客に価値を出すとき、そこには「ロジカルな思考」と「想像力」そして、顧客が行っている業務に関する経験が少ないからこそ生み出せる「自由な発想」があります。

◇戦略コンサルティングの新しいトレンド

近年、戦略コンサルタントの数が増え、「ロジカルな思考」「想像力」「自由な発想」だけでは勝負に勝てない場面も出てきています。そうした中で、注目を集めているのがエスノグラフィーです。

エスノグラフィーとは、調査対象となる人々の生活空間（現場）に長期間にわたって飛び込み、観察とインタビューによって人々の行動様式や文化などを明らかにする調査手法のことです。社会学や文化人類学、心理学や経営学（特にマーケティング）で発達した調査手法なのですが、近年、実務の世界でも注目を集め始めています。

要するに、**エスノグラフィーとは、「思考することをやめてしまう」という、思考力を売り物にしてきた戦略コンサルティングにとっては逆転の発想**なのです。

特に戦略論の世界でエスノグラフィーの効果が知られるようになったのは、マイケル・ポーターと並ぶ戦略の大家、ヘンリー・ミンツバーグによる名著『マネジャーの仕事』（白桃書房）によるところが大きいでしょう。

この本は、現実を知らぬままにマネジャーという言葉を使いがちな経営学の世界に対して、実際のマネジャーがどのような日常を送っているのかを明らかにしたもので、マネジャーという言葉が持っているイメージを根底から覆した「会心の一撃」でした。

エスノグラフィーの特徴は、仮説を「先入観」として嫌いつつ、思考ではなく観察によって問題を発見していくことにあります。

現場に住み込むような手法によってしか見出せない情報は、スマートな人なら誰でも思いつくような仮説の検証によって見出せる情報よりも、ずっと価値が高いことは明らかでしょう。

実際にマイクロソフトが３００人、インテルが40人のエスノグラフィーの担当者を抱えつつ市場調査を行っていたり、日本でも花王や富士通などがエスノグラフィーに積極的に取り組んでいることが知られています。また、大阪ガスに至っては、「行動観察研究所」というエスノグラフィー専門の機関を持っていたりします。

思考ではなく観察によって情報をとらえていくというのは、仮説思考よりもずっと難しく、それなりの訓練が必要です。このエスノグラフィーの難しさを実感するためにオススメしたいのは、ビデオ撮影した自分の行動をエスノグラフィーしてみることです。

自分は自分の行動を理解していると思っていても、ビデオに映っている自分の行動を客観的に観察すると、たいがい自分の認識の甘さに気が付かされるものです。自己認識というのは、検証データをとらない仮説思考のようなものだからでしょう。

戦略コンサルタントとしては、まずはエスノグラフィーが持っている可能性を認識し、特に新規商品開発や原因の見えにくい問題などに取り組むときは、エスノグラフィー的なアプローチを検討してみるべきでしょう。

優れた戦略コンサルタントになるために

本章のポイント

戦略コンサルタントは、顧客の知的な成長をうながし、顧客の戦略コンサルティング・スキルの向上に貢献することが最終目標である。

戦略コンサルタントが持つべき「ケアの精神」とは

- クライアント（個人）の立場・境遇を、想像・推察できること
- 声にならないニーズ・懸念を感じ取ることができること
- 「将来困るでしょ、こうしなきゃ」という思いで接することができること
- 「どうしてるかな、うまくいってるかな」という気持ちで訪問できること
- 困っているクライアントを「助けたい」と思えること
- クライアントからの「ありがとう」が〝究極の報酬〟と感じられること

――抽象度の高い経営レベルの思考をするあまりに、現場へのリスペクトが欠け、失敗につながるという落とし穴がある。

――個別の事象から因果関係を見出す想像力を磨き、かなりの確率で当たる仮説を立てられるようになる必要がある。

――スマートな思考力に頼らず、現場に長期間飛び込み、観察によって情報をとらえるエスノグラフィーの手法が新しいトレンドになっている。

旧版あとがき

初心者ドライバーは、自動車を運転するたびに精神をすり減らすほど疲れてしまうものです。運転中に話しかけられると混乱してしまったり、後ろの車からの無言のプレッシャーを気にして、不必要に速度を速めたりします。

これに対して、ベテランのドライバーは、運転中に同乗者との会話はもちろん、景色を楽しむ余裕さえあります。それでいて、初心者ドライバーよりも運転はよほど安全だったりもします。

この違いはどこから来るのでしょうか。

もちろん個人差はありますが、初心者ドライバーの問題は、運転に際して、周囲の状況を「観察しすぎる」ことにあります。

これはほとんど「パニック状態」に近く、前を走る車のナンバーや、脇を走る自転車のメーカー名まで把握しながら、そのタイミングでは必要のないミラーをチラチラと見たり、スピードメーターばかりでなく、ガソリンの残量まで常に気にしながら、実に余裕のない運転をしているものです。そんな心理状態のところに、救急車が「道を空けてください！」とやってくれば、もう本当にパニックです。

ベテランのドライバーは、ある状況下においては、どのような情報を入手しなければならないのかについて経験的に知っています。そのため、周囲の状況は必要最低限に把握しつつ、予想外の事態にも反応できるだけの余裕を持っているのです。

救急車がやってくればすみやかに道を空け、フラフラと危ない運転をしているトラックがあれば居眠り運転を警戒して車間距離を大きめに保ったりもします。リスクのある状況では、制限速度にかかわらず徐行運転をしたりもします。

いうなれば、ベテランのドライバーは「何を無視すべきか」を体験的に知っているからこそ観察力というコップに空きが生まれ、危機対応への余裕を持った運転ができるのでしょう。

実は戦略の実務においてもまったく同じことが言えます。戦略の実務をよく理解していない人が戦略に触れると、無視すべき情報と大切な情報の区別がつかず、ありとあらゆる情報を集めてきては、情報の海の中でパニックになってしまうのです。

それはまるで、若手社員が資格学校のパンフレットの海でもがく姿に似ています。そんな若手社員も先輩社員にいろいろと教わるうちに、必要な知識とそうでない知識の区別もつくようになり、いつしか資格学校からパンフレットが送られてきてもその封すら切らなくなるのです。

本書は、戦略的な発想法、すなわち「現状を認識し、目標を定め、それらを結ぶ」という、当たり前すぎて忘れられてしまった何かを明らかにしようとした私自身の思考の軌跡です。

しかしこれは、あなたにとっては自動車教習所の教科書のようなものにすぎません。ぜひとも、本書に書かれている内容の「何を無視すべきか」という意識を持って、実務に当たっていただけたらと思います。なぜなら、そうして本書から無視すべき記述をすべて引き算したあとに残ったものが、私が本書であなたに伝えたかったことのすべてだからです。

ではまた、次のサービスエリアでお会いしましょう。

酒井　穣

新版あとがき

Before you speak, listen.

Before you write, think.

Before you spend, earn.

Before you invest, investigate.

Before you criticize, wait.

Before you pray, forgive.

Before you quit, try.

Before you retire, save.

Before you die, give.

——William A. Ward（American author）

「刺激になった」という言葉、よく聞きますよね。

刺激とは、一般には、私たちに作用して、なんらかの反応を生み出す要因のことです。その要因になり得る事柄は多数あります。拡大解釈すれば、そもそも「生きる」ということは「刺激を受ける」ということでもあるでしょう。

とは言え、特に知的な意味で「刺激になった」と言うときの意味は、かなり限定的であることに気が付きました。それは「それまで知らなかった合理性（ロジック）を知った」ことを伝えているということです。


私たちは、日常の中に埋没していると、今の自分が選択している「生き方」以外には、合理的なものはないと考えてしまう傾向があると思います。ある意味で、これは「自分は正しい、他者は間違っている」と信じたい、人間の弱さです。

意地悪く言うなら、誰か他者のことを「合理的ではない」と感じるとき、私たちは「自分は正しい、他者は間違っている」ということを確認して、安心しようとしているわけです。「自分が間違っているかもしれない」という不安から逃げたいという欲求があるからでしょう。

ですが、そもそも生命というのは、かなり合理的なシステムです。つまり、それぞれに異なる「生き方」をしている人間も、それぞれの環境において（できるだけ）合理的な選択をしようとしているはずなのです。

本当は、自分が正しくて、他人が間違っているなどということは、そんなに存在していません。それぞれに異なる合理性（ロジック）を持っており「それぞれに（その環境においては）正しい」というのが正解だと思います。

人間として成熟するということは、こうした無数にある合理性の背景を理解するということではないでしょうか。そして、皆が「正しくありたい」と、固定された環境の中で、苦しみもがいているのが人生なのだと思います。

私たちが「刺激になった」と言うとき――それは、人生には自分とは別の生き方があり、それも十分に合理的であると認めることができたという、自らの成長を意味しているのだと、考えています（間違っているかもしれません）。

出版には、他者に対して「刺激を与える」という側面があるでしょう。それは「正しい生き方は、自分の選択しているこれだ」と信じていたい人間に対して、それとは別の合理性（ロジック）を示すことです。

この目的とするところは、優しい人間をつくるということだと思っています。人間の営みに絶望するときは、人間そのものではなくて、そうした人間を生み出してしまう環境のほうを憎むという態度を育むことでもあるでしょう。
本書の内容が、読者に対して、少しでも「刺激」になったなら幸いです。

酒井　穣

◎株式会社ＢＯＬＢＯＰのご紹介（著者の連絡先）

本書の内容に共感いただき、なんらかのビジネスを共に進めたいとお考えいただけた読者の方には、ぜひ、本書の感想と合わせて、ご連絡をいただきたいです。楽しみにお待ちしております。

【株式会社ＢＯＬＢＯＰ】

私たちは、経営者、コンサルタント、編集者、プロカメラマン、ＷＥＢプロデューサーなど、あらゆる領域の専門家が集まって構成されている企業です。多様な専門性を融合させ、個人事業主レベルの柔軟性と、大企業レベルの総合力を同時に達成するチームを目指しています。事業としては、被災地での事業活動、戦略・人事コンサルティング、マーケティングコンサルティング、研修・講演、各種新規事業の創造などを行っています。

ホームページ：http://www.bolbop.com

連絡先：http://www.bolbop.com/contact

主な参考文献

マイケル・E・レイナー『戦略のパラドックス』翔泳社
大前研一『大前研一　戦略論』ダイヤモンド社
ロナルド・A・ハイフェッツ、マーティ・リンスキー『最前線のリーダーシップ』ファーストプレス
清水勝彦『戦略の原点』日経BP社
アル・ライズ、ジャック・トラウト『ポジショニング戦略』海と月社
『「選択と集中」の戦略』（ハーバード・ビジネス・レビュー・ブックス）ダイヤモンド社
産業能率大学CPM TRIZ研究会『TRIZの理論とその展開』産能大学出版部
ジェームズ・C・コリンズ『ビジョナリーカンパニー2飛躍の法則』日経BP社
ピーター・ドラッカー『ネクスト・ソサエティ』ダイヤモンド社
ジェフリー・フェファー、ロバート・I・サットン『実行力不全』ランダムハウス講談社
向谷匡史『ヤクザ式ビジネスの「かけひき」で絶対に負けない技術』情報センター出版局
上野啓子『マーケティング・インタビュー』東洋経済新報社
マデリン・バーレイ・アレン『ビジネスマンの「聞く技術」』ダイヤモンド社
桜井茂男編『たのしく学べる最新教育心理学』図書文化社
笈川博一『古代エジプト——失われた世界の解読』中央公論社

鈴木義幸『熱いビジネスチームをつくる4つのタイプ』ディスカヴァー

ジョン・P・コッター『企業変革力』日経BP社

『最高「戦略」責任者』（DIAMONDハーバード・ビジネス・レビュー2008年4月号）ダイヤモンド社

G・M・ワインバーグ『コンサルタントの秘密』共立出版

志水彰、角辻豊、中村真『人はなぜ笑うのか』講談社

畑村洋太郎『失敗学のすすめ』講談社

一條和生、徳岡晃一郎『シャドーワーク』東洋経済新報社

アルフレッド・W・クロスビー『数量化革命』紀伊国屋書店

道又爾、北崎充晃ほか『認知心理学　知のアーキテクチャを探る』有斐閣

松村劭『オペレーショナル・インテリジェンス――意思決定のための作戦情報理論』日本経済新聞社

野村総合研究所『これからICT・メディア市場で何が起こるのか』

Mark M. Lowenthal『Intelligence: From Secrets to Policy』CQ Press

Larry Kahaner『Competitive Intelligence: How to Gather, Analyze, and Use Information to Move Your Business to the Top』Touchstone

『Can You Say What Your Strategy Is ?』（David J. Collis and Michael G. Rukstad, Harvard Business Review April 2008）

新版　あたらしい戦略の教科書

発行日　2015年3月20日　第1刷

Author　酒井 穣

Book Designer　小口翔平　西垂水敦（tobufune）

Publication　株式会社ディスカヴァー・トゥエンティワン
〒102-0093　東京都千代田区平河町2-16-1 平河町森タワー11F
TEL　03-3237-8321（代表）　FAX　03-3237-8323
http://www.d21.co.jp

Publisher　干場弓子
Editor　原典宏

Marketing Group
Staff　小田孝文　中澤泰宏　片平美恵子　吉澤道子　井筒浩　小関勝則　千葉潤子　飯田智樹　佐藤昌幸　谷口奈緒美　山中麻吏　西川なつか　古矢薫　伊藤利文　米山健一　原大士　郭迪　松原史与志　蛯原昇　中山大祐　林拓馬　安永智洋　鍋田匠伴　榊原僚　佐竹祐哉　塔下太朗　廣内悠理　安達情未　伊東佑真　梅本翔太　奥田千晶　田中姫菜　橋本莉奈

Assistant Staff　俵敬子　町田加奈子　丸山香織　小林里美　井澤徳子　橋詰悠子　藤井多穂子　藤井かおり　葛目美枝子　竹内恵子　熊谷芳美　清水有基栄　小松里絵　川井栄子　伊藤由美　伊藤香　阿部薫　松田惟吹　常徳すみ

Operation Group
Staff　松尾幸政　田中亜紀　中村郁子　福永友紀　山﨑あゆみ　杉田彰子

Productive Group
Staff　藤田浩芳　千葉正幸　林秀樹　三谷祐一　石橋和佳　大山聡子　大竹朝子　堀部直人　井上慎平　松石悠　木下智尋　伍佳妮　張俊崴

Proofreader　株式会社文字工房燦光
DTP・図版　小林祐司
Printing　株式会社厚徳社

ISBN978-4-7993-1646-7